STUDI SUPERIORI / 1022

SCIENZE DELL'EDUCAZIONE

I lettori che desiderano
informazioni sui volumi
pubblicati dalla casa editrice
possono rivolgersi direttamente a:

Carocci editore

Corso Vittorio Emanuele II, 229
00186 Roma
telefono 06 42 81 84 17
fax 06 42 74 79 31

Siamo su:

www.carocci.it
www.facebook.com/caroccieditore
www.twitter.com/caroccieditore

Sergio Tramma

Pedagogia della contemporaneità

Educare al tempo della crisi

Carocci editore

1ª ristampa, ottobre 2016
1ª edizione, ottobre 2015

Realizzazione editoriale: Fregi e Majuscole, Torino

Finito di stampare nell'ottobre 2016
da Grafiche VD srl, Città di Castello (PG)

ISBN 978-88-430-7838-7

Indice

Introduzione

Uno sguardo pedagogico indirizzato all'attuale scenario economico, sociale e culturale non può che destare smarrimento e scetticismo. Smarrimento perché le variabili che concorrono a comporre tale scenario sono tante e tali che diventa difficile non solo ipotizzare una progettualità pedagogico-educativa, ma anche descrivere e interpretare il contesto entro cui eventualmente collocarla; scetticismo perché, anche laddove un'intenzione progettuale trovasse il suo spazio di possibilità, apparirebbero del tutto ridotte le probabilità che la pedagogia e l'educazione possano candidarsi a essere uno degli agenti in grado di contribuire a modificare la realtà in direzioni progressiste e democratiche. Magari, candidarsi a seguito di un'identificazione di obiettivi e metodi che discendano, anche da una sufficientemente solida, credibile e duratura visione del mondo.

Una delle caratteristiche costitutive e distintive della modernità, soprattutto nella sua versione contemporanea, è l'instabilità, quella che Marx ed Engels, nel *Manifesto del partito comunista* del 1848, descrivono come «incessante trasformazione della produzione», «ininterrotto sovvertimento di tutte le condizioni sociali», «insicurezza e movimento perpetui» (Marx, Engels, 1998, p. 57). Ma i cambiamenti (la crisi), nelle forme che hanno investito negli ultimi anni i paesi cosiddetti sviluppati, costituiscono delle vere e proprie rotture, non solo per l'economia e il lavoro, ma anche per le ideologie, le culture, le relazioni tra le persone, e questo a livello tanto globale quanto intermedio e locale. Quella contemporanea è una crisi importante, inoltre, perché si interfaccia sinergicamente con i processi che hanno contribuito a produrla: globalizzazione, deindustrializzazione e finanziarizzazione dell'economia, precarizzazione del lavoro e dei percorsi di vita, riequilibrio del potere e dell'ordine mondiale ecc. Rappresenta un *punto di non ritorno* e, per usare un'espressione abusata ma sicuramente efficace, nulla sarà come prima, anche in campo pedagogico-educativo. Tutto ciò, ovviamente, a meno che della contemporaneità non si abbia una visione (ragionevolmente) solare e di conseguenza si ritenga che per l'educazione e la pedagogia si siano aperte delle piste di ricerca e di azione molto produttive, poiché a esse spetterebbe il compito di pensare e praticare una neutrale "formazione continua" per tutti e per tutto il corso della vita.

Allo stesso modo dell'esaurirsi (almeno, così è parso) delle cosiddette "grandi narrazioni" politiche, scientifiche e storiche, sembrerebbe essere terminata anche la stagione delle grandi narrazioni pedagogiche, sia nelle loro dimensioni valoriali e contenutistiche sia in quelle organizzative e didattiche (la scuola pubblica), e questo anche perché, in realtà, ogni grande narrazione ha bisogno di inserirsi in un passato di medio e lungo periodo da cui attingere nel presente per progettarsi e raccontarsi, a sé e agli altri, in un futuro anch'esso di medio e lungo periodo. La stagione delle grandi narrazioni ideologiche, culturali, politiche ecc. parrebbe quindi essersi esaurita da molto tempo (al pari di quella sulla fine delle grandi narrazioni), pur essendo trascorsi solo pochi decenni dal loro fulgore, poiché la contemporaneità ha accorciato di molto la durata del tempo passato e prospettico cui fare riferimento. Non sembrano esservi capacità di letture politico-culturali forti e durature, radicate in una storia in grado di descrivere e di interpretare e, in una certa misura, di sistematizzare l'esistente, tanto meno capacità-possibilità-opportunità di prospettare "narrazioni" in grado di "gettare il cuore" oltre tale esistente. Sono finite le grandi narrazioni, mentre si sono moltiplicate quelle piccole e frettolose, e quasi si è prosciugato ed edulcorato il campo dal quale attingere gli aggettivi con i quali qualificare le cose, come se non si riuscisse ad andare oltre il "buono" per connotare ciò che si auspica: la buona scuola (oltre che il buono scuola), la buona politica, le buone pratiche ecc. Non sembrano esistere più strategie politico-culturali di lungo periodo, di conseguenza anche quelle pedagogiche faticano a proiettarsi in prospettive che vadano oltre il breve e il medio tempo. È diventato difficile costruire pensieri e operare in un contesto nel quale sono pochi gli spazi di riflessione e azione lasciati liberi dal multicolore, e non sempre esplicito, liberismo o da un insieme di posizioni che vedono nella caparbia azione intenzionale individuale o di piccoli gruppi la soluzione alla crisi.

L'intento del testo che segue è quello di affrontare alcuni dei nodi presenti nei processi trasformativi della contemporaneità per come essa si configura nel nostro paese, di analizzarli pedagogicamente per coglierne le ricadute e le implicazioni educative formali e informali; e per tentare altresì di comprendere quale ruolo gioca o potrebbe giocare, all'interno di tale quadro, la pedagogia sociale intesa come luogo di collegamento e mediazione tra le pratiche della pedagogia e dell'educazione, la configurazione educativa dei territori (che racchiude in sé tutta le problematiche della contemporaneità), e le caratteristiche e i bisogni dei soggetti individuali e collettivi che tali territori abitano. Nella parte iniziale la riflessione è rivolta ad analizzare alcuni aspetti della crisi della pedagogia in relazione alla "buona salute" dell'educazione e al senso che può avere oggi l'educare; la parte che segue affronta alcune manifestazioni della crisi della contemporaneità tentando di coglierne le implicazione pedagogiche; la terza parte affronta alcune di quelle che sembrano prospettarsi come vie d'uscita dalla crisi, soffermandosi poi sui soggetti (educanti) che si candidano, o sono candidati, a promuovere azioni (educative) tese a trasformare il presente. L'ultima parte analizza, infine, alcuni nessi tra pedagogia, educazione e politica, giungendo quindi a una conclusione: la dichiarazione di un limite, di un'incapacità, forse di un'impossibilità.

Il titolo e il sottotitolo del testo, così come molti titoli di paragrafi e capitoli, sono stati ispirati, alcune volte del tutto e dichiaratamente copiati, da titoli di romanzi, riviste e convegni (educare al tempo della crisi) e da definizioni (il weberiano "disincanto"), esplicitamente riferiti ai lavori di importanti pedagogisti italiani. È un debito di ispirazione, ma è anche la messa in pratica della constatazione della difficoltà a definire diversamente ciò che diversamente non può essere definito.

I

Fare e pensare educazione e pedagogia nella contemporaneità

1.1
Fu vera gloria?

È diventata quasi una consuetudine attribuire al Novecento una qualche peculiarità che lo connoti come il secolo di qualcosa o qualcuno: il secolo americano, della tecnica, della comunicazione, il secolo breve, delle grandi speranze, delle immani tragedie, del lavoro, del conflitto di classe ecc.; rispetto a tale poliedricità, si vedano, per esempio, anche i «dodici giudizi sul XX secolo» espressi da significativi esponenti della cultura, riportati all'inizio del libro di Eric J. Hobsbawm, *Il secolo breve* (1995, pp. 13-4). Volendo proseguire l'opera di inflazione delle caratteristiche identitarie e distintive del secolo scorso, si potrebbe affermare che sia stato anche il secolo del definitivo e diffuso riconoscimento della pedagogia, senza soluzione di continuità con quell'Ottocento non a caso già definito quale "secolo della pedagogia" (Cambi, 1995, pp. 334 ss.; 2003, pp. 190 ss.).

Ripercorrendo, infatti, la storia della pedagogia, intesa quale pensiero intenzionale, consapevole e organizzato sull'educare che si è prodotto nel corso del Novecento, è impossibile non constatare quanto l'educazione e la pedagogia, nella loro distinzione e nei loro nessi, siano state, pur se a fatica, contraddittoriamente e non senza controtendenze, progressivamente riconosciute quali componenti essenziali nella *formazione* di qualsiasi storia individuale e collettiva, privata e pubblica, informale e istituzionale. L'educazione nel corso del Novecento diventa componente sempre più importante: è promossa intenzionalmente o è "scoperta" in ogni settore della vita sociale e in ogni dimensione delle esistenze individuali e collettive, anche in esperienze apparentemente molto lontane da quelle dove il fare educazione era, e ancora oggi è, in larga parte ricondotto, cioè la famiglia (le famiglie) e la scuola (le scuole). In parallelo, la pedagogia, seppure con tutte le varie incertezze identitarie che ha vissuto e vive, è stata riconosciuta come legittima prassi riflessiva di riferimento per tutto ciò che è connesso all'educare, esercitando su quest'ultimo forme di vera e propria egemonia intellettuale. Nel secolo scorso educazione e pedagogia hanno dunque acquisito visibilità e riconoscimento, la loro importanza si è notata quando sono state presenti, e altresì è stata notata la loro assenza o la loro collocazione ai margini di una scena presidiata da altre prassi o aree disciplinari. E tale presenza/assenza dell'educativo e del pedagogico si è percepita tanto nelle diffuse, minute e quotidiane pratiche informali dell'apprendere, quanto nei luoghi formali e intenzionalmente formativi.

Il raggiungimento di una tale posizione di prestigio, cioè la legittimazione della pedagogia e dell'educazione in quanto componenti fondamentali di ogni assetto sociale esistente o auspicato, è stato testimoniato da molti indiscutibili fatti materiali, teorici e valoriali. In particolare, valga per tutti, a ragione dell'importanza che hanno e della "sacralità" dalla quale sono circondate, il riconoscimento sul piano internazionale del diritto all'istruzione sancito dall'art. 26 della *Dichiarazione universale dei diritti dell'uomo*[1] del 1948 e, sul piano più strettamente nazionale, da alcuni articoli della Costituzione della Repubblica Italiana[2]. Sono dichiarazioni di principio che per molti aspetti tali sono

1. È opportuno riportare il testo prodotto nel dopoguerra poiché, oltre a essere considerabile un orientatore politico e pedagogico in fatto di istruzione e, più in generale, di diritti umani, è anche un testo nel quale sono sintetizzate alcune posizioni che ancora oggi costituiscono un punto di riferimento teorico-operativo per l'educare: «1. ogni individuo ha diritto all'istruzione. L'istruzione deve essere gratuita almeno per quanto riguarda le classi elementari e fondamentali. L'istruzione elementare deve essere obbligatoria. L'istruzione tecnica e professionale deve essere messa alla portata di tutti e l'istruzione superiore deve essere egualmente accessibile a tutti sulla base del merito; 2. l'istruzione deve essere indirizzata al pieno sviluppo della personalità umana e al rafforzamento del rispetto dei diritti dell'uomo e delle libertà fondamentali. Essa deve promuovere la comprensione, la tolleranza, l'amicizia fra tutte le nazioni, i gruppi razziali e religiosi, e deve favorire l'opera delle Nazioni Unite per il mantenimento della pace; 3. i genitori hanno diritto di priorità nella scelta del genere di istruzione da impartire ai loro figli» (http://www.senato.it/documenti/repository/commissioni/dirittiumani/manuale.pdf, ultima consultazione 28 settembre 2015).

2. L'art. 34 della Costituzione recita: «La scuola è aperta a tutti. L'istruzione inferiore, impartita per almeno otto anni, è obbligatoria e gratuita. I capaci e merite-

rimaste, ma hanno consentito alle antiche aspirazioni dell'istruzione universale di andare oltre le speranze minoritarie, per tradursi, in molti luoghi, in progettualità effettivamente agita o, quantomeno, in desiderio legittimato e sostenuto dall'effettiva praticabilità e non solo da intenzioni collocate nel limbo forzato delle prospettive utopiche.

Trasferendosi dal piano valoriale a quello quantitativo-materiale, il prestigio, la liceità, la consapevolezza dell'essenzialità dell'educazione sono state, nel corso del tempo, testimoniate anche da molti altri fatti, per esempio, il numero di persone impegnate in qualità di educatori ed educandi nelle esperienze formali, e i capitoli dei bilanci statali dedicati all'istruzione. Però si potrebbe affermare che, stanti le responsabilità e le possibilità attribuite all'educare, l'importanza dell'educazione è testimoniata, oltre che dagli effetti positivi dovuti alla quantità delle risorse impegnate, dagli effetti negativi derivanti dall'insufficienza delle risorse destinate all'educazione, in particolare a quella (cosiddetta) extrascolastica. Inoltre, che il Novecento sia stato il secolo della fioritura della pedagogia è testimoniato anche dal ruolo che nella costruzione di saperi, scenari e strategie attorno ai fatti dell'educazione ha avuto, e *in parte* ancora ha, quel variegato insieme di figure professionali, cioè i pedagogisti, figure che si collocano in un arco di posizioni che va dalla generica consulenza professionale attorno ai fatti dell'educare alla docenza universitaria. In ultimo, in ordine di tempo ma non certo di importanza, la raggiunta centralità dell'educazione è certificata e, nello stesso tempo accentuata, dalla non sottovalutabile conquista dell'apicale e specifica formazione universitaria per la gran parte delle figure operative e consulenziali che operano nei campi dell'educare professionale (ovvio il riferimento è ai corsi di laurea in Scienze dell'educazione e Scienze della formazione primaria).

Dato questo quadro di consolidata legittimazione teorica, riconoscimento d'importanza istituzionale, quantità di figure professionali impegnate e gamma di esperienze prodotte, una domanda sorge spontanea, e qualora non sorgesse deve essere intenzionalmente stimolata: questa centralità dell'educazione e, in particolare, della pedagogia, *fu (è) vera gloria*? In attesa dell'ardua sentenza, forse non molto al di là da venire, in più prosaici termini è opportuno domandarsi se l'avvallo, la

voli, anche se privi di mezzi, hanno diritto di raggiungere i gradi più alti degli studi. La Repubblica rende effettivo questo diritto con borse di studio, assegni alle famiglie e altre provvidenze, che devono essere attribuite per concorso».

legittimazione e il successo così faticosamente raggiunti (laddove effettivamente raggiunti) siano da considerarsi esiti progressivi e consolidati di un processo ancora in corso e foriero di ulteriori risultati, oppure, sulla base di un'analisi più disillusa, se si è oggi (a Novecento definitivamente concluso seppure non esaurito) al cospetto di una stagnazione, se non di un vero e proprio arretramento. In particolare questa riflessione va fatta per quanto riguarda quelle prassi e quei contenuti riconducibili a un'educazione e a una pedagogia democratico-progressiste, organicamente inserite nel clima politico e culturale della seconda parte del Novecento. Ma la domanda, andando oltre la pedagogia e l'educazione, potrebbe essere formulata diversamente: le "conquiste" di entrambe, al pari di altre che si sono realizzate nel Novecento, quali il Servizio sanitario nazionale e il Sistema previdenziale, devono essere considerate come prodotti ed espressioni di un trentennio d'oro che si è già, da tempo, esaurito, così come in generale si è esaurita una buona parte dell'idea generale e delle prassi universalistiche del welfare state?

1.1.1. IL TRENTENNIO GLORIOSO

È possibile, forse necessario, affermare che anche per la pedagogia, intesa nel complesso delle sue manifestazioni, impostazioni e sfumature, vi è stato un (ormai esaurito) trentennio glorioso o d'oro che dir si voglia[3], con tutti i suo anticipi e prolungamenti di là da esso, che ha prodotto e ancora produce *fantasmi* che agitano e/o confortano e/o illudono i sonni e le insonnie (non solo) pedagogiche. Fantasmi novecenteschi nei confronti dei quali sono sintetizzabili posizioni differenziate: 1. ritenere doveroso e urgente emanciparsi da essi per constatare finalmente e apprezzare la fase positiva che al trentennio d'oro è succeduta; 2. tentare di ancorarsi a tale trentennio recuperandone prospettive e valori ritenuti ancora attuali; 3. negare che tale trentennio glorioso sia di fatto esistito.

In realtà, anche per una riflessione pedagogica, è veramente gravoso

3. «Tuttavia solo quando il grande boom terminò, nei travagliati anni Settanta, in attesa dei traumatici anni Ottanta, gli osservatori – a cominciare soprattutto dagli economisti – cominciarono a capire che il mondo, particolarmente il mondo capitalistico avanzato, aveva attraversato una fase del tutto eccezionale della propria storia; forse una fase unica. Cercarono i nomi per descriverla: "i trent'anni di gloria" dei francesi; il quarto di secolo di Età dell'oro degli angloamericani [...]. L'oro luccicò di più sullo sfondo opaco e scuro dei successivi decenni di crisi» (Hobsbawm, 1995, p. 303).

esprimersi affermativamente o negativamente rispetto all'effettiva esistenza di un tale trentennio, alla sua bontà o meno, alla sua evoluzione o involuzione, ma in ogni caso è qualcosa con la quale è necessario, ancora oggi, fare i conti. Che sia durato più o meno un trentennio e che sia stato effettivamente d'oro, piuttosto che d'argento o di bronzo, sta di fatto che negli anni che vanno, all'incirca, dalla fine della Seconda guerra mondiale alla metà degli anni Settanta, si sono avviati o conclusi una serie di processi economici, sociali, culturali ed educativi che hanno radicalmente trasformato l'esistenza delle persone e dei territori. Come sottolinea Hobsbawm (1995, pp. 17-8), «a un'Età della catastrofe, che va dal 1914 sino ai postumi della Seconda guerra mondiale, hanno fatto seguito una trentina d'anni di straordinaria crescita economica e di trasformazione sociale, che probabilmente hanno modificato la società umana più profondamente di qualunque altro periodo di analoga brevità».

Anni densi, interessanti, come direbbe lo stesso Hobsbawm (2002), che hanno visto protagonisti anche la pedagogia, il dibattito che al suo interno si è svolto, e le trasformazioni che l'hanno interessata. In primo luogo, la lunga e complessa rottura con un fascismo inteso anche come imponente e totalizzante sforzo educativo scolastico ed extrascolastico, supportato da istituzioni e figure esplicitamente pedagogiche, ammantate da una sorta di alterità e neutralità rispetto al politico, pur se compromesse direttamente nella gestione ordinaria di tale politico[4]. Nel dopoguerra si avvia un processo di defascistizzazione di alcuni aspetti e di conservazione o restaurazione di altri (Santoni Rugiu, 1987, p. 667). Tale processo riguarda in primo luogo la scuola, per liberarla «da ogni influenza di dottrina fascista» con l'intenzione di «riedificare istituzioni che permettessero di avviare la gioventù a una vita libera e democratica» (Bertoni Jovine, 1958, p. 405). La lunga e controversa emancipazione dal fascismo e dalla continuità delle sue istituzioni non si è realizzata solo nel campo scolastico, ma anche nel cosiddetto "extrascolastico" attraverso la predisposizione intenzionale di luoghi educativi e ricreativo-culturali come, per esempio, tutte le forme di associazionismo a carattere democratico. Anni densi e, appunto, interessanti anche per il confronto/conflitto fra la tradizione cattolica, allora costantemente impegnata nel tentativo di restare l'unico pun-

4. L'ovvio riferimento è al ministro fascista Giovanni Gentile e alle sue teorizzazioni sull'educare.

to di riferimento per l'educazione, e le altre correnti che cercavano di inserirsi o riemergere, come quella di area marxista, o quella riferibile alla tradizione statunitense tendente a costruire una cultura pedagogica che fosse, nello stesso tempo, postfascista e antisovietica (Santoni Rugiu, 1987, p. 667). Un confronto/conflitto definito ai tempi da Dina Bertoni Jovine non tra laici e cattolici, come è consuetudine dire oggi, bensì tra laici e clericali (Bertoni Jovine, 1958, p. 405). Inoltre, in quegli anni, la pedagogia fu interessata da una trasformazione radicale dovuta al passaggio da «un'identità filosofica (o prevalentemente tale) a un'identità scientifica» (Cambi, 1995, p. 486), cioè a una pedagogia intesa come sapere complesso, che può essere interpretato attraverso modelli teorici, ma che deve fare i conti con la specificità degli elementi che costituiscono il "fatto" educativo. Ma in quel periodo la pedagogia fu interessata anche da esperienze educative e riflessive "militanti" che avrebbero avuto la capacità, in quegli anni come nei successivi, di mettere in crisi le tradizioni e le appartenenze politiche e pedagogiche.

La pedagogia del trentennio d'oro e del suo prolungamento nei decenni successivi è una pedagogia nella quale vi sono continuità e discontinuità, contraddizioni, conflitti e linee di criticità che non hanno impedito, hanno anzi forse favorito, il riconoscimento del suo ruolo essenziale nei fatti dell'educazione. Soprattutto è una pedagogia nella quale sono presenti e s'intrecciano riflessioni, cambiamenti, contrapposizioni, trasversalità che non si sono esaurite e si presentano, modificate ma non stravolte, nella loro essenza, anche nel dibattito attuale: la difesa di un pensiero pedagogico democratico dagli assalti di autoritarismi, integralismi e razzismi di vario tipo; la ricerca delle fonti di legittimazione degli obiettivi e delle forme dell'educare; la riflessione attorno ai nessi con le "due culture", quella cosiddetta "scientifica" e quella cosiddetta "umanistica"; i quesiti attorno all'autonomia del pedagogico nell'individuare gli obiettivi dell'educazione.

Quando si chiude, fermo restando che sia effettivamente iniziato, il trentennio d'oro della pedagogia? Per alcuni aspetti si chiude già al passaggio tra gli anni Sessanta e i Settanta, anni nei quali la scuola, intesa come massimo investimento educativo intenzionale, è assalita da una critica radicale che, oltre a rivolgersi alle politiche scolastiche strettamente intese, si estende ai presupposti politici, culturali e ideologici che ispiravano tali politiche. Il 1968 e gli anni che immediatamente seguono è uno degli esiti della crisi di *quella* scuola, non solo la causa.

La scuola perde dunque ogni capacità di incantare, è sottoposta a critica serrata, non promette più quello che, malgrado le importanti tensioni positive che si registrano al suo interno e all'esterno, non può mantenere: basterebbe citare *Lettera a una professoressa* (Scuola di Barbiana, 1967) per confutare qualsiasi nostalgia (passata o attuale) della scuola precedente[5]. In quegli anni non solo è stata sottoposta a critica la scuola ereditata dal fascismo, ma anche la "scuola nuova" che si stava faticosamente e contraddittoriamente tentando di costruire, per esempio dopo la riforma che ha portato alla scuola media unica.

Il trentennio d'oro, come qualsiasi tempo, non si è esaurito alla sua conclusione cronologica: è slittato in avanti facendo sentire la sua influenza anche nei decenni successivi, e ciò a ragione delle importanti trasformazioni che ha generato e che hanno influenzato anche il periodo seguente; è un trentennio che è andato oltre sé stesso, e non si è esaurito anche perché nei decenni che l'hanno seguito i suoi contenuti hanno consentito di dare volto e senso ai tentativi di resistenza (anche pedagogica-educativa) nei confronti dei prodotti sociali e culturali degli anni Ottanta e seguenti.

Nel complesso, il trentennio glorioso non è stato tale solo per lo sviluppo economico che si è verificato e che ne ha costituito una delle basi materiali, ma anche per avere consolidato e diffuso l'equivalenza fra tale sviluppo economico e l'idea di progresso, e per avere mutato radicalmente le pratiche delle esistenze e i modelli per la costruzione dei corsi di vita della persone. È anche per questo che l'educazione è diventata realmente (tendenzialmente, illusoriamente) centrale e di massa, poiché a essa era affidato il compito di formare in maniera adeguata le persone per affrontare il radicalmente nuovo: «L'educazione assume un rilievo sempre più importante, dovendo formare le competenze e la capacità necessarie a dirigere, controllare, interagire con l'accresciuto livello di complessità e con il ritmo del suo sviluppo» (Balduzzi, 1999, p. 180). È diventata centrale in qualsiasi paese, blocco di paesi o aree d'influenza che il dopoguerra e il dopo colonialismo hanno a loro tem-

5. Guido Crainz (2009, p. 90) scrive che *Lettera a una professoressa* «denunciava il carattere poco più che formale di innovazioni democratiche (in questo caso la scuola media unica) che non sembravano scalfire i vecchi meccanismi». Pier Giorgio Reggio (2014, p. 21) sottolinea: «L'istruzione scolastica viene denunciata da don Milani, come fattore di riproduzione delle ingiustizie sociali ma, nel tempo stesso, viene indicata come l'unica strada per criticare e superare quelle ingiustizie».

po e modo disegnato, nelle zone occidentali come in quelle orientali, nell'allora cosiddetto "terzo mondo" come in mondi altri non meglio definiti e non del tutto classificabili.

In quegli anni, dunque, sono stati compiuti sforzi intenzionali per educare ai nuovi assetti e alle nuove esigenze imposte dal mutato ordine sociale. Vale la pena, per esempio, accennare alle imprese educative scolastiche ed extrascolastiche nei paesi a leadership statunitense, soprattutto quelli che sono entrati nell'area di influenza degli Stati Uniti dopo la conclusione della Seconda guerra mondiale (Germania e Italia in primo luogo), e nei paesi del "socialismo reale", in particolare quelli ritrovatisi dopo la guerra nella sfera d'influenza dell'Unione Sovietica e che necessitavano, quindi, di un'impresa altrettanto "rieducativa". Inoltre, tali sforzi si sono compiuti anche in quei paesi dove si sono costruite storie educative non sempre inquadrabili con certezza in paradigmi teorici e metodologici, nelle quali sono comprese esperienze destinate al complesso, o ad ampi settori, della popolazione, come le campagne di alfabetizzazione rivolte agli adulti, o di attivazione delle popolazioni in contesti territoriali caratterizzati da povertà e marginalità (il riferimento principale sono le iniziative di Paulo Freire in Brasile e i risultati della campagna di alfabetizzazione realizzata a Cuba nel 1961). Sono tutte esperienze e riflessioni che maturano nel contesto degli anni Sessanta-Settanta, nel quale le tensioni al cambiamento emancipativo-trasformativo sono diffuse a livello mondiale, in un clima in cui l'educazione trovava un suo senso in quanto strumento per il radicale mutamento sociale e politico ritenuto necessario per erigere le "nuove società".

In questo trentennio d'oro l'educazione sembrava essere la chiave per entrare in un futuro meno precario, se non addirittura prosperoso. All'educazione formale e intenzionale era stato dato il compito prometeico di cambiare la società, alla pedagogia la guida di quei processi finalizzati sia all'ampliamento dei saperi e allo sviluppo delle competenze individuali e sociali, sia alla trasformazione virtuosa della società, e questo non solo nella versione laico-riformista o in quella marxista, ma anche in quelle concezioni che all'educazione richiedono la conservazione degli assetti o un ritorno ad assetti precedenti, o che ritengono l'educazione strettamente legata alla dimensione confessionale.

In tale attribuzione di compiti all'educazione, la pedagogia non è solo il contenitore teorico storicamente situato di riflessione, definizione e critica dell'educazione, ma diventa l'ambito (magari nella versione "filosofia dell'educazione") in cui si ricercano e producono i contenuti valoriali, finalistici e metodologici dell'educare, e questo in riferimento non tanto ai compiti di socializzazione quanto alla formazione "dell'uomo" (quel «pieno sviluppo della personalità umana» indicato dalla *Dichiarazione universale*), con tutti i rischi di onnipotenza ideale e impotenza reale che ciò ha comportato e comporta.

1.1.2. LE SORTI DELLA PEDAGOGIA NELLA CONTEMPORANEITÀ

In quale fase cronologica e di senso della storia della pedagogia e dell'educazione si è attualmente? Dove si collocano eventi, riflessioni e figure che ne hanno caratterizzato la componente "virtuosa" della storia recente come, per citarne solo alcuni, la "scuola media unica" intesa come strumento per l'attenuazione delle disuguaglianze, l'educazione degli adulti (da "non è mai troppo tardi" alle "150 ore"), gli interventi socioculturali territoriali e le intenzioni di "sistema formativo integrato", nonché le didattiche attive?

Tali eventi, riflessioni e persone si collocano nella preistoria preparatoria di una vivace e luminosa contemporaneità educativa e pedagogica o, diversamente, si posizionano nell'esaurita fase del massimo fulgore dell'educazione e, soprattutto, della pedagogia? Sono elementi residuali di un'epoca di ideologie superate, che hanno lasciato spazio al pragmatismo, all'efficientismo e al realismo attuale, oppure elementi che hanno generato un vuoto che parrebbe non poter essere colmato se non dalla nostalgia esplicita o malcelata di un passato dal grande futuro? In altri termini, l'educazione e la pedagogia, quanto meno quei settori di esperienza, istituzioni, didattiche, quadri concettuali che negli ultimi decenni hanno costituito un solido riferimento tanto da diventare quasi l'educazione e la pedagogia *tout court*, sono all'apice del loro, magari moderato e pacato, successo o vivono una fase di crisi che genera i precedentemente citati fantasmi?

La riposta non può che segnalare la crisi, e non si rivelerebbe neppure del tutto credibile sostenere ritualmente che da tale crisi potrà generarsi un qualche "nuovo" nel quale ritrovare pedagogia ed educazione più forti e più belle che prima, entrambe finalmente svincolate dalla zavorra delle ideologie novecentesche e, avendo elaborato i residui di lutto per la fine di tali ideologie, solidamente ancorate a qualche immaginifico e risolutivo programma europeo attorno all'*educazione-per-tutta-la-vita*. Non esime dal vivere la crisi neppure qualche semplificazione attorno all'acquisizione e allo sviluppo di competenze, ovviamente non solo per il lavoro ma per l'esistenza tutta, tantomeno quella sorta di "decadentismo pedagogico" fatto, di volta in volta, di ripiegamento ombelicale sulla propria interiorità, di forti e vibranti dichiarazioni di principio contro la "malacontemporaneità" (e modernità), di vitalistici appelli alla rivolta contro il vecchio/nuovo "sistema".

Un'alternativa interpretativa potrebbe ritenere che pedagogia ed educazione vivrebbero effettivamente un momento di difficoltà ma, in quanto impegnate nel tentativo di immaginare e predisporre metodologie e didattiche per educare attorno all'opportunità e alla praticabilità di un qualche bene comune o valore universale. Oppure si potrebbe pensare che, più che in crisi, prassi e pensieri pedagogico-educativi sarebbero abbozzolati in quella sorte di fisiologica, salutare e ombrosa inquietudine che sempre dovrebbe caratterizzarle, anche se non sempre lo ha fatto. In altri termini, è necessario chiedersi se la contemporaneità è l'epoca del trionfo maturo e in quanto tale sotto traccia, poco narcisistico ed esibitorio, tanto dell'educazione quanto della pedagogia o, all'estremo opposto, se è l'epoca, come spesso dichiarato (e altrettanto spesso smentito), dell'esaurimento delle loro funzioni propulsive, quanto meno di quelle solidificate e indicate in forma di principio dalla *Dichiarazione universale* e da una parte rilevante delle tradizioni novecentesche.

Sono molte le preoccupazioni sulle sorti della pedagogia nella contemporaneità. Franco Cambi, dopo avere delineato immagini, posizionamenti e funzioni della pedagogia generale così come si sono strutturati nel corso del Novecento, si interroga sulla sua sorte nella «congiuntura storica» attuale, cioè in quella congiuntura «contrassegnata dalla tecnica, dal dominio, dalla funzionalità al sistema socioeconomico assunto nella sua forma dominante». In tale contesto, prosegue Cambi, «di efficienza e di funzionalità tra mezzi e fini» la pedagogia generale «viene emarginata»; il rischio che sia fatta regredire a preambolo «da superare in breve tempo passando ai dati delle scienze», o che la si dichiari «superflua: puro residuo di un passato già tramontato, che legava il pedagogico alla filosofia e al primato dell'*anthropos* (= l'uomo colto nella sua specifica umanità) e delegittimato oggi proprio dall'*imperium* delle scienze tecniche e dalla loro logica sistemica e funzionalistica». In tal senso, «la pedagogia generale scompare e tende a scomparire la sua identità riflessiva che, trattando l'uomo e la sua formazione, non può né deve essere affatto liquidata.

Pena la riduzione della pedagogia a tecnologia, a prassi produttiva e riproduttiva». In questo contesto: «Comunque sia una pedagogia come "visione del mondo", orientamento axiologico e come stile di pensiero è sempre in atto, lo si creda o meno. Essa va, allora, *legittimata, potenziata* e *definita*» (Cambi *et al.*, 2009, pp. 18-20).

I rischi che corre la pedagogia nella contemporaneità sono dunque molteplici, prima di tutto quello di essere ridotta a tecnicismo eterodiretto e lontano da quelli che potrebbero essere ritenuti i suoi fini propri, cioè la formazione dell'essere umano a essere realmente tale. Ma la necessità della pedagogia, di una certa pedagogia, è presente, e sono proprio le componenti "sane" del contesto sociale e culturale a richiederlo, se non per migliorare l'esistente, quanto meno per non farlo scivolare nell'espropriazione dell'umano dall'umano.

Ancora Cambi si chiede quale possa essere il modello pedagogico per l'oggi, cioè per il tempo del «postmoderno e del disincanto, del pluralismo e del cambiamento», nel tempo del *nihilismo* inteso come «liberazione, possibilità, come rinnovamento e come scoperta», quindi un *nihilismo* «attivo e positivo», non tanto come «deriva di senso, catastrofe di tutti i valori, aperture su un mondo vuoto», bensì come «condizione dell'apertura e della valorizzazione del soggetto, nella sua capacità creativa e nella sua libertà» (ivi, pp. 69-70). Al cospetto dei rischi del XXI secolo, cioè i rischi «di postdemocrazia, di cattura tecnologica, di manipolazione dell'*anthrophos*, di omologazione sociale», la pedagogia, attraverso una lettura deweyana di essa, si afferma come «attore sociale sempre più decisivo, capace di gestire le continue trasformazioni del tempo presente, di dar vita a un'autentica democrazia progressiva, di far vivere i soggetti nella dimensione della "cura di sé", di trasmettere saperi e pratiche e tecnologie ma mai in senso strettamente riproduttivo e con valenza dogmatica» (ivi, p. 86). Quella che si deve realizzare politicamente è una società «autenticamente democratica», fatta di «partecipazione attiva e di responsabilità, ma anche di apertura al futuro», una «società democratica come "Grande Comunità", quale fu teorizzata da Dewey, che aspetta ancora di essere realizzata» (Cambi, 2006, p. 26).

Quella pedagogia che ha esaurientemente pensato sé stessa e la sua funzione, dunque, ha bisogno di essere difesa poiché rischia, sempre più, di trasformarsi in un'entità residuale, schiacciata tra il prevalere della tecnica e le scienze riduttivistiche da una parte, e la rinuncia attorno all'idea e alla pratica della formazione degli esseri umani alla loro connaturata umanità dall'altra. È un rischio di marginalizzazione della pedagogia, così come si è progressivamente configurata, ma anche, oltre la stessa pedagogia, è un rischio di smobilitazione dell'infinita ricerca attorno alla formazione dell'umano, del tentativo, per dirla con Mario Cavaradossi, il personaggio della pucciniana *Tosca*, di stimolare la «recondita armonia di bellezze diverse» che sarebbero nell'umano attraverso quell'arte (l'educazione) che «nel suo mistero, le diverse bellezze insiem confonde».

La contemporaneità, nelle sue strutture e articolazioni, costituisce per la pedagogia un rischio, anche quello definitivo dell'essere resa inutile o di implodere sino a ridursi alle sue componenti più strettamente tecniche. Nello stesso tempo, la contemporaneità consegnerebbe alla pedagogia il compito gravoso di salvarla da sé stessa, quasi potesse costituire una sorta di antidoto, quasi ad attribuire a essa il potere di trasformare alcuni sentieri di dissenso e critica al presente in vere e proprie autostrade riflessive. Lo spessore della crisi della pedagogia e dell'educazione si mostra evidente soprattutto se tale crisi è collocata nello scenario della globalizzazione, che, in una rilevante parte del pianeta, è caratterizzata da un alto rischio di pensiero unico. In un tale contesto di criticità, la pedagogia, secondo Franco Frabboni, dovrebbe essere la «prima medicina di indiscutibile efficacia educativa» funzionale a presidiare la delicata e lunga stagione di transito tra due secoli. La crisi della pedagogia è dovuta quindi anche ai compiti epocali che le vengono attribuiti e ai quali è chiamata a rispondere, quasi una linea di resistenza a oltranza contro il rischio dell'omologazione e del pensiero unico, e anche «prima terapia abilitata a guarire la grande malattia che sta flagellando il nostro pianeta», cioè la «reiterata "violazione" dei diritti universali del soggetto-persona». Ed è una medicina poiché «si propone come *progetto formativo integrale* del soggetto-persona in grado di riannodare [...] la molteplicità delle sue dimensioni costitutive» (Frabboni, 2003, pp. 7-8), anche in questo caso, quanto più la pedagogia è a rischio, tanto più si rivela la medicina del contemporaneo. Nelle posizioni di Frabboni è presente dunque la generale preoccupazione per il senso e la finalità della formazione degli uomini e delle donne nella contemporaneità, in particolare che da una parte si origini un "pensiero unico", un pensiero disattento alla valorizzazione e all'interazione delle diversità, oppure un pensiero che è comunque unico nell'analisi delle diversità e delle loro interazioni, e dall'altra che si assista a una frammentazione in assenza di unitarietà, cioè alla negazione altrettanto assoluta di una pedagogia attenta alla poliedricità unitaria della persona, alla complessità del soggetto.

Lo stato di crisi nel quale versa l'educazione è altresì presente nel rapporto-proposta – pubblicato nel 2009 – sull'educazione della Conferenza episcopale italiana (CEI), dove la crisi in cui versa l'educazione è subito sottolineata. Infatti, nella prefazione dell'allora presidente della CEI, Camillo Ruini, si afferma che nei tempi attuali, almeno per quel che riguarda l'Occidente, «l'educazione è diventata, in maniera nuova, problema: un nodo, cioè, che sembra ogni giorno più difficile affrontare, un territorio assai cambiato e quasi sconosciuto», e questo perché «sono divenuti più incerti e problematici i rapporti tra le generazioni, in particolare riguardo alla trasmissione dei modelli di comportamento e di vita [...] appaiono ridotte e precarie le possibilità di un'autentica formazione della persona», una formazione che fornisca delle buone capacità di «orientarsi nella vita». Quello cui si assiste, sempre secondo le considerazioni di Ruini, è lo iato tra l'aumento delle opportunità e delle facilitazioni a disposizione, e la capacità di «tenere insieme la consapevolezza di sé e del mondo in cui viviamo, la libertà e la responsabilità delle nostre decisioni, cioè di quegli elementi che sembrano essenziali per una vera educazione» (Ruini, 2009, p. IX). Le preoccupazioni di Ruini sono riprese nelle righe iniziali del rapporto – redatto da alcuni dei più importanti pedagogisti italiani, come suole dirsi, di "area cattolica" –, laddove si scrive: «Nella coscienza condivisa, ai suoi diversi livelli, sembra smarrita non solo la pratica felice dei processi educativi, bensì l'idea stessa di educazione» (Comitato per il progetto culturale delle Conferenza episcopale italiana, 2009, p. 3). Quello che emerge dagli orientamenti di fondo del rapporto della CEI è una generale preoccupazione per lo stato dell'educazione all'interno di una società interessata da criticità che attraversano tutti i suoi settori, oltre che educativi, anche produttivi e culturali, puntualmente analizzati nel seguito del rapporto. Quindi l'educazione, secondo l'autorevole posizione di coloro che hanno redatto il rapporto, è in crisi sia nei contenuti che nelle didattiche, cioè nella possibilità di trasmettere dei convincenti modi di essere e stare al mondo: in particolare, è in crisi la capacità di formare la "persona".

Dalle posizioni precedentemente sintetizzate parrebbe dunque che le dimensioni di criticità riguardino la capacità da parte della pedagogia di orientare sufficientemente l'educazione e, a sua volta, di essere orientata da un sistema di valori sufficientemente solido e condiviso, il tutto all'interno di una tumultuosa e non lineare transizione da un'epoca a un'altra. Un'epoca nella quale, secondo una visione progressiva, parrebbero aprirsi spazi di autonomia e realizzazione per i soggetti individuali e collettivi non più irreggimentati da vincoli territoriali, economici e ideologici, oppure, secondo una visione più inquietante, si accentuerebbero i rischi di atomizzazione ed eterodirezione per soggetti sempre più sottoposti a disagi e dinamiche da loro non controllabili. Proprio nel momento in cui vi sarebbe un bisogno profondo di pedagogia ed educazione, emergono le loro difficoltà e i loro limiti. In particolare, la situazione è resa più complessa poiché, a fronte della necessità di un'educazione e di una pedagogia a vocazione "umanistica", la fase storica attuale è invece quella nella quale scienza e tecnica parrebbero occupare spazi sempre più ampi, non solo in area pedagogico-educativa, ma nella cultura generale dei tempi (Nussbaum, 2010), e questo in continuità con il già accennato sempiterno conflitto tra quelle "due culture" attentamente analizzate, per come si posero ai tempi, da Charles P. Snow alla fine degli anni Cinquanta del Novecento (Snow, 2005).

Riflettere oggi attorno all'educazione e alla pedagogia significa immergersi nelle problematicità che sempre le hanno contraddistinte, con in più il portato di incertezza dovuto all'indebolirsi di organizzatori politicoculturali. Ciò anche perché i paradigmi interpretativi e operativi che le hanno caratterizzate nel recente passato, per esempio la riconduzione della pedagogia alle scienze dell'educazione o le resistenze a tale riconduzione, non costituiscono più sufficienti orientamenti di ricerca. Nello stesso tempo, non risultano ancora del tutto solidificati e sufficientemente convincenti nuovi orientamenti quali quelli che invitano a considerare le nuove tecnologie il principale orizzonte di riferimento della didattica, così come non possono risultare – e non risultano – del tutto orientative le esibizioni di alcune buone pratiche educative individuali o collettive, scolastiche o extrascolastiche, considerate quali miniature anticipatorie della futura educazione.

1.2
Della crisi della pedagogia e della buona salute dell'educazione

Pensare e praticare l'educazione non si rivela dunque oggi, come del resto in ogni tempo e luogo, impresa agevole e lineare. A tutte le concause alle quali si è accennato è necessario altresì aggiungere che talvolta alcune difficoltà finiscono per essere ritenute incidenti contingenti e recenti, magari facilmente superabili, di volta in volta e a seconda dei casi, attraverso un aumento delle risorse finanziarie nazionali e locali a disposizione, oppure grazie a qualche aggiustamento nell'architettura legislativa e normativa che riguarda l'educare, ovvero con la scoperta o la messa a punto di una qualche risolutiva didattica autoctona o, soprattutto, di importazione. In realtà, oggi praticare e pensare educazione può non essere impresa agevole, poiché le criticità non sono dovute a cause contingenti e dal ridotto passato e futuro temporale, ma a cause più strutturali, maturate in processi di lungo periodo, quindi più solidificate e meno maneggiabili e risolvibili in tempi brevi o medi.

La crisi dell'educazione e/o della pedagogia è dunque accidentale o disposizionale? Periferica o centrale? Reversibile o irreversibile? Superficiale o strutturale? È l'eccezione o la regola di tali aree di esperienza umana? È crisi di entrambe o di una soltanto delle due, la quale inevitabilmente trascina l'altra?

Per tentare di abbozzare delle risposte a queste domande è necessario, come in ogni riflessione di qualsiasi natura, esplicitare che cosa effettivamente si intenda con i termini che si utilizzano, soprattutto quando tali termini hanno una complessa e plurale storia di significati, di definizioni e di utilizzi che non possono dirsi realmente univoci. Infatti, un conto è concepire l'educazione come processo di socializzazione adattiva e conformativa agli assetti sociali e alle culture prevalenti, un altro è considerarla come processo di formazione della persona; un altro ancora è pensarla in quanto sintesi armonica o conflittuale tra le due concezioni, all'insegna cioè dell'antica e affannosa ricerca di una ragionevole alleanza tra le (non sempre ben chiare) esigenze di socializzazione e il rispetto della (altrettanto non sempre ben chiara) individualità del soggetto. E questo soprattutto se tale soggetto è ricondotto alla stregua dell'infante che, in quanto tale, sarebbe caratterizzato da uno stato originario costituito da bontà, socialità, libertà, umanità, oppure all'estremo opposto da un qualche peccato originale, da perversione, da animalità: questione che gira attorno all'individuazione della "natura" dell'essere umano e che, riportata alle prassi educative, si trasforma nell'interrogativo perenne di quanto di quel che c'è nel profondo dell'essere umano sia qualcosa di luminoso da estrarre maieuticamente, o di oscuro da censurare repressivamente. È, appunto, il conflitto tra due delle molte concezioni e anime dell'educazione, quella a carattere più marcatamente socializzatorio-direttiva, e quella a carattere prevalentemente estrattivo-non direttiva.

In realtà, l'educare ha una ormai (temporaneamente) irreversibile, inscindibile, e prosaica doppia anima, è il costante tentativo di materializzare ciò che Lamberto Borghi, trattando di John Dewey e dei principi dell'educazione progressiva, riassume nell'idea dello «sviluppo contemporaneo e congiunto dell'individualità e della socialità del fanciullo» (Borghi, 1951, p. 2), in particolare: «L'educazione ha due aspetti, quello della trasmissione ai nuovi individui delle forme di vita, costumi e ideali, della società in cui nascono, e quello di sviluppare in modo così pieno e integro la loro personalità da renderli atti al pensiero e all'azione indipendenti e quindi di trasformare e incrementare la realtà sociale che li circonda» (ivi, p. 14).

Dunque, in questo lavoro (come negli altri che lo hanno preceduto), per educazione, tra i molteplici significati attribuiti a questo termine, s'intende *qualsivoglia* esperienza che produca apprendimento; per pedagogia, condividendo quel significato minimo sufficiente che consente la comunicazione tra gli "specialisti dell'educazione" (molti di più, come sarà in seguito affrontato, di quelli riconducibili all'accademia e alla formazione formale) s'intende *qualsiasi* discorso attorno all'oggetto educazione, anche quelli meno pedagogicamente attrezzati. In particolare, la pedagogia non è concepita come un pensiero generato da pensieri prodotti da altri pensieri che, di volta in volta, si collocano in ambito filosofico, sociologico, psicologico, antropologico o dagli altri ambiti disciplinari, che si occupano direttamente o indirettamente dell'educare. Bensì è considerata come risultante concettuale e provvisoriamente ordinativa e orientativa di riflessioni che scaturiscono da pratiche sociali anche molto diverse tra loro, tra le quali può *anche* esservi il pensare più propriamente filosofico e/o scientifico, cioè quello prodotto in quegli ambiti nei quali più chiaro dovrebbe essere quale siano l'oggetto della riflessione, e il senso e il metodo di tale riflessione. La pedagogia, cioè la sommatoria ferma o in movimento del sapere attorno educazione, è la risultante di attività concrete, realizzate da soggetti concreti inseriti all'interno di contesti sociali altrettanto concreti, e ciò la rende immediatamente sociale, sia perché essa influenza tali processi, sia perché da tali processi è attraversata, in una relazione non unidirezionale e ad asimmetria variabile.

La pedagogia è un derivato di accadimenti pratici e/o teorici che entrano tra loro in interazioni non meccaniche, che progressivamente assumono la forma di diversificati discorsi che, nel corso del loro costruirsi e mostrarsi, si alleano o combattono, si velano o disvelano, si confermano o smentiscono reciprocamente. Tale complessa dinamica indica che la pedagogia, intesa quale discorso, non può essere concepita come prodotto esclusivo dei pedagogisti o di coloro che, a vario titolo, intenzionalmente si occupano dell'educazione.

Il sapere sull'educazione, nelle società caratterizzate dalla presenza di diffusi processi educativi che in gran parte sfuggono al controllo degli addetti ai lavori, è un sapere che molti, più o meno consapevolmente, contribuiscono a creare e al quale molti sono in condizione di attingere. È una nuvola composta dal sapere accademico ed esperto in senso stretto che, in quanto tale, dovrebbe essere, oltre che analitico, autoriflessivo e autoconsapevole, ma è anche composta da una molteplicità di altri saperi prodotti da una varietà di soggetti nelle diverse situazioni relazionali e comunicative. Esattamente come accade per l'educazione, la pedagogia non può essere ricondotta solo alle sue componenti formali e intenzionali, ma è opportuno tenere conto pure di quelle informali, ingenue, non intenzionali: è sapere che si tramanda, si accumula, si auto-organizza e si espande, anche a prescindere dall'intervento e dalle capacità/possibilità regolative dei soggetti che sono ritenuti e/o si ritengono legittimati e incaricati a fare ciò.

La pedagogia, come l'educazione, è quindi un prodotto di soggetti individuali e collettivi storicamente collocati, portatori di interessi, motivazioni, obiettivi propri e/o dei gruppi sociali ai quali appartengono, pensano di appartenere, aspirano ad appartenere, non sono consapevoli di appartenere. Alcuni di tali soggetti praticano luoghi, progetti ed esperienze (ricerca, formazione, scrittura) grazie ai quali può esservi vicendevole legittimazione o autolegittimazione in qualità di insiemi di individuabili e riconosciuti intellettuali dell'educazione.

E a proposito di intellettuali, è impossibili non riferirsi ad Antonio Gramsci, secondo il quale «ogni gruppo sociale, nascendo sul terreno originario di una funzione essenziale nel mondo della produzione economica, si crea insieme, organicamente, uno o più ceti di intellettuali che gli danno omogeneità e consapevolezza della loro funzione non solo nel campo economico, ma anche in quello sociale e politico: l'imprenditore capitalistico crea con sé il tecnico dell'industria, lo scienziato dell'economia politica, l'organizzatore di una nuova cultura, di un nuovo diritto ecc.». Si potrebbe dire che in ogni nuova società si "crea" anche colui che tende a pensare e a organizzare una nuova educazione, cioè i pedagogisti, per molti versi, possono essere considerati quegli "intellettuali dell'educazione" (che solo oggi vedono ridimensionare il loro ruolo) ai quali era stata delegata la costruzione di un pensiero orientativo e organizzante sull'educare, pur non potendo essi essere schematicamente intesi come un gruppo omogeneo e tantomeno una semplice cinghia di trasmissione tra l'organizzazione sociale e l'educazione. Nello stesso tempo, seguendo ancora lo sviluppo della riflessione gramsciana: «Gli intellettuali "organici" che ogni nuova classe crea con sé stessa ed elabora nel suo sviluppo progressivo sono per lo più "specializzazioni" di aspetti parziali dell'attività primitiva del tipo sociale nuovo che la nuova classe sociale ha messo in luce». La rottura con il passato esercitata da ogni nuova classe è al contempo intrisa di continuità, anche attraverso lo sviluppo di nuclei esistenti nella precedente organizzazione sociale, e ogni gruppo sociale «ha trovato [...] categorie sociali preesistenti e che anzi apparivano come rappresentanti di una continuità storica ininterrotta anche dai più complicati e radicali mutamenti delle forme sociali e politiche» e, «siccome queste varie categorie di intellettuali tradizionali sentono con "spirito di corpo" la loro ininterrotta continuità storica e la loro "qualifica", così essi pongono sé stessi come autonomi e indipendenti dal gruppo sociale dominante [è questa] un'utopia sociale per cui gli intellettuali si credono "indipendenti", autonomi, rivestiti di caratteri loro propri, ecc.» (Gramsci, 1975, pp. 3-7). In questo senso, anche i pedagogisti, intesi come gli intellettuali dell'educazione, hanno una continuità con il loro passato che, alcuni casi, potrebbe prevalere sui nessi che hanno con il presente.

Ma il fatto che vi sia autolegittimazione non significa che tale status di autoconsapevoli esperti dell'educazione sia diffusamente riconosciuto. In fondo, effettivamente anche in questo caso, vale quanto afferma Karl Marx, nella prefazione al suo *Per la critica dell'economia politica* del 1859, a proposito dell'autopercezione delle epoche e degli esseri umani: non si possono giudicare dall'idea e dalla coscienza che hanno di loro stessi (Marx, 1969, p. 5).

Una parte della produzione pedagogica avviene in luoghi temporanei o permanenti (università, centri studi, associazioni, convegni, riviste ecc.), che alcune volte sono interagenti e integrati con la produzione sociale dell'educazione, altre volte distinti, se non del tutto separati. Una condizione, quest'ultima, che potrebbe generare in coloro che li vivono la sensazione autoreferenziale di essere un corpo elitario rispetto all'educare, nel senso di essere in grado di fornire al resto del mondo effettivi (richiesti e forniti) orientamenti riguardo alle prassi educative. Un corpo separato, dunque, che sarebbe capace di agire in piena libertà anche in termini di acquisizione e rielaborazione delle informazioni, non subendo vincoli e condizionamenti, oppure, in subordine, un corpo che si attribuisce il possesso di strumenti in grado di decodificare le staticità e i movimenti nei quali esso è inserito e che, conseguentemente, si ritiene intellettualmente immunizzato (a breve, lungo o medio periodo) dagli effetti di alcune dinamiche sociali e culturali.

Riconoscere e ribadire il carattere pienamente sociale della pedagogia, oltre che dell'educare, il suo essere inserita completamente e immediatamente nel mondo, non significa ritenere che la pedagogia sia una variabile sovrastrutturale meccanicamente determinata dalle condizioni economiche e sociali, come vorrebbero certe semplificazioni attorno ai rapporti tra un piano "strutturale" e uno "sovrastrutturale". Cioè, come se la pedagogia (ma lo stesso vale per qualsiasi altro campo del sapere) non fosse caratterizzata anche dal possesso di molteplici storie di autonomia in grado di farla interagire con il piano delle condizioni economiche e sociali. Ma se dalla semplificazione meccanicista è opportuno rifuggire, neppure è possibile teorizzare un'autonomia del pedagogico rispetto alla possibilità e alla capacità di delineare i profili delle società auspicate e degli strumenti per realizzarli, e anche rispetto all'individuazione delle caratteristiche delle nuove donne e dei nuovi uomini e alla capacità di formarli oppure – ma è lo stesso in termini concettuali – di confermare quelli esistenti o di recuperare quelli passati. Pertanto la crisi della pedagogia, come dell'educazione, non è rintracciabile e ricostruibile collocandosi esclusivamente all'interno della sua storia, bensì facendo un passo di lato, riferendosi alla storia generale e alle innumerevoli storie particolari che la compongono. La crisi attuale non pare assomigliare a quei periodi di crisi virtuose nelle quali si indeboliscono paradigmi e se ne prospettano altri, e non assomiglia neppure a quelle fasi nelle quali nebulose sperimentative e/o riflessive sono sul punto di condensarsi in nuovi o riformati modelli teorici e/o operativi. Le difficoltà che interessano la pedagogia sono il precipitato di quelle in cui si dibatte la società contemporanea, nella quale, esauriti i movimenti progressisti e progressivi presenti nel trentennio d'oro e nei decenni successivi, non è in realtà chiaro quali siano, e da chi siano decisi, i compiti attribuiti all'educazione: contribuire all'edificazione di un assetto sociale "migliore"? Ridurre le discriminazioni e le disuguaglianze? Fornire strumenti per la sopravvivenza individuale e/o collettiva? Formare soggetti adatti a inserirsi convintamente o rassegnatamente nel liberismo di quel capitalismo attualmente trionfante, culturalmente (ideologicamente) reso più appetibile rispetto ai tempi di quello "puro e duro"?

La difficoltà a rispondere a tali domande si chiarisce indicando quei fenomeni che potrebbero, attraverso il loro intreccio, essere all'origine della crisi dell'educazione, della pedagogia, di entrambe:

– l'esaurimento di un quadro di senso filosofico e/o politico, sufficientemente solido e condiviso, entro il quale collocare le azioni educative e pedagogiche;
– l'indebolirsi di un comparto teorico-prassico, in parte colonizzato e/o svuotato da altre discipline;
– il ridimensionamento della convinzione della presunta esclusiva della pedagogia rispetto ai fatti dell'educazione, in particolare della constatazione che la storia di formazione dei soggetti individuali e collettivi si svolge in gran parte in luoghi-tempi-esperienze nei quali non vi sono professionisti del fare-pensare educazione o, pur essendoci, non sono in grado di esercitare le funzioni di governo che sono loro richieste;
– non ultima, la difficoltà di delineare un'"idea generale" di persona da formare, con caratteristiche e auspici di comportamento sufficientemente convincenti e duraturi nel tempo (cfr. PAR. 4.1), nella consapevolezza che anche la persona che si forma o è formata in contrapposizione all'idea generale di persona da formare deriva, in realtà, da un'idea generale di persona da formare.

Se quindi si può affermare che di crisi effettivamente si tratta, questa riguarda, però, più la pedagogia che l'educazione: se la prima subisce il ridimensionamento della (presunta) egemonia sui fatti dell'educazione, la seconda non è mai stata florida e in buona salute come in questi ultimi decenni. Questo vale se, ovviamente, non si riconduce l'educazione solo ai suoi comparti formali e ufficiali, cioè la scuola (per definizione in cattiva salute); ai suoi luoghi privilegiati, cioè la famiglia (per definizione in crisi o sottovalutata nelle sua centralità educativa); ai suoi operatori di riferimento, cioè insegnanti ed educatori (per definizione incapaci, martiri o in *burnout*); ai suoi valori cardine, cioè la formazione della "persona" (per definizione vaga congettura). Se invece si considera educativa qualsiasi esperienza che produca apprendimenti nei soggetti individuali e collettivi nel corso di tutta l'ampiezza e la durata della loro esistenza, allora, come accennato, l'educazione appare appunto in ottima salute. Riportandola invece alla sua asciutta essenzialità di esperienza d'apprendimento, a prescindere dai presunti e/o reali elettivi luoghi, tempi, valori, didattiche e a prescindere anche dall'auspicabilità e dal successo sociale degli apprendimenti stessi, non può non derivarne la conclusione che non c'è mai stata società effettivamente, diffusamente ed efficacemente educante come l'attuale: basti pensare all'idea "dell'apprendere ad apprendere" diventata una delle finalità generali dell'educazione "moderna", dal momento che i saperi sono prodotti e diventano obsoleti in tempi brevi, lasciando quindi spazio ad altri doveri-possibilità di apprendimento.

L'educazione ha vissuto e vive una stagione di (paradossale) grande vivacità e successi, e ciò è testimoniato dalla diffusione di apprendimenti, semplici e complessi, che vanno dai costrutti valoriali ai funzionamenti minuti della vita quotidiana. Si sono verificati, e si verificano, processi apprenditivi che hanno attivato modificazioni in continuità e discontinuità, quei processi che Pier Paolo Pasolini (1975; 1976) ha definito la "mutazione antropologica degli italiani", per indicare i cambiamenti intervenuti nel periodo compreso tra gli anni Cinquanta e gli anni Settanta in Italia, anni non a caso in parte sovrapponibili al trentennio d'oro del welfare state. Una buona salute dell'educazione dunque, ma prevalentemente di quella informale e non formale, non intenzionale o non dichiaratamente intenzionale e quindi, in quanto tale, sottoposta a uno scarso controllo da parte dei pensieri, delle persone e delle istituzioni della pedagogia "ufficiale" (ammesso che il ridotto controllo sia un difetto e non, invece, una virtù). Una buona salute di tale educazione dovuta anche alle pressoché nulle realizzazioni politico-amministrative a fronte delle (non) molte teorizzazioni pedagogiche in fatto di "sistema formativo integrato", in particolare per quanto riguarda le esperienze educative in età adulta, oggetto ancora oggi in gran parte sfuggente all'educazione degli adulti intesa come ambito disciplinare. Gli apprendimenti (valori, atteggiamenti, comportamenti, competenze, informazioni ecc.) che si sono verificati negli ultimi decenni, soprattutto nelle dimensioni informali dell'educazione, sono stati e sono di diversa natura, portata e valutabilità: alcuni hanno interessato e interessano il complesso della popolazione in termini di generalizzata acquisizione di saperi nuovi[6], in altri casi si è trattato di estensione di tali saperi da settori ristretti a settori più ampi di popo-

6. Per esempio, gli apprendimenti riguardanti le nuove tecnologie e i nuovi media, caso eclatante di esiti di processi educativi che si sono verificati, e in gran parte si verificano ancora, spontaneamente, all'esterno dei circuiti formativi ufficiali.

lazione. Nello stesso tempo, si sono registrati e si registrano apprendimenti dovuti a contaminazione, più o meno simmetrica, tra gruppi di popolazione, di ingresso di nuovi saperi nello scenario sociale, di sdoganamento di alcuni comportamenti e avvallo dei percorsi formativi informali a essi. Valga come esempio la diffusione del pensiero corto, del qualunquismo, della non partecipazione alle elezioni, del successo a tutti i costi, quest'ultimo rappresentato in un film quale *Reality*[7], di Garrone, considerabile per alcuni versi come la "postmodernizzazione della vicenda moderna" descritta nel film *Bellissima* di Visconti[8].

È un vera e propria "società educante", forse la sua apoteosi, e a dimostrazione di ciò vale anche il successo apprenditivo ottenuto da quelle posizioni che hanno portato una parte considerevole di popolazione a organizzare la propria visione (operativa) del mondo in termini di insicurezza e paura, o di costante ricerca del capro espiatorio, con frequenti variazioni di configurazione, origini e obiettivi del pericolo. Ma si potrebbe accennare anche ad altri successi del medesimo spessore: l'educazione alla privatizzazione dei corsi di vita, alla precarietà (incertezza), al localismo amorale, all'illegalità diffusa, al consumismo e/o all'aspirazione a esso. A tutti questi apprendimenti, considerabili poco virtuosi se osservati da posizioni pedagogico-politiche democratiche, fanno da contrappeso quelli considerabili virtuosi: l'educazione alla sobrietà, allo sviluppo compatibile o alla decrescita, il diffondersi della – pur contraddittoria – cultura della solidarietà e del volontariato, che si pone come alternativa alla cultura dell'antagonismo e dell'individualismo. Inoltre, indipendentemente dal giudizio attorno all'auspicabilità di tale apprendimento diffuso, è possibile riferirsi al successo del modello manageriale-imprenditoriale (cfr. PAR. 3.1), inteso come modo di porsi nei confronti del reale e della sua trasformazione, e alla diffusione di tale abito mentale oltre gli stretti confini dell'azienda privata, cioè anche in ambienti (una volta) non sospettabili di poter acquisire siffatti tratti culturali. In tutto ciò va considerata, inoltre, l'importanza assunta dall'ambiguo valore della meritocrazia assurta a valore in sé.

L'educazione quindi non è in crisi, e probabilmente per sua immodificabile essenza mai lo è stata e mai potrà esserlo, poiché all'interno di qualsiasi contesto e periodo sociale sono presenti esperienze relazionali che producono apprendimento, a meno che, come accennato,

7. *Reality*, di M. Garrone, Italia, 2012.
8. *Bellissima*, di L. Visconti, Italia, 1951.

dell'educazione non si abbia una concezione ristretta, e la si pensi inscindibilmente connessa (per cultura o, cosiddetta, natura) ad alcuni selezionati valori e/o didattiche e/o setting, o non si ricorra all'etimo per pensarla come operazione che trasforma una, troppo o troppo poco definita, potenzialità in atto che riguarda quell'«Individuo», il «Libero Sviluppo della Personalità», che costituirebbe «il credo supremo» dell'educare, come recita l'irato sarcasmo esplicitato in *Lettera a una professoressa* (Scuola di Barbiana, 1967, p. 112).

L'educazione è diffusa, pervasiva e contraddittoria e, per la gran parte, sfugge ai consapevoli e intenzionali addetti ai lavori. Come scrive Bertoni Jovine nella conclusione di uno dei suoi testi pubblicato nel primo periodo del trentennio glorioso, «quegli ostinati poeti che sono i pedagogisti si illudono ogni tanto di mettere al galoppo, con uno schiocco di frusta, quel traballante carrozzone che è la scuola; ma le redini e la martinicca sono in mano di cocchieri diffidenti che non cedono allo slancio di incitamenti generosi» e, proseguendo, «il fervore di attività che si è prodotto intorno ai problemi della scuola può indurci a un avventato ottimismo». E a dimostrazione di questo fervore di attività elenca la quantità di riviste specializzate, l'importante produzione di saggi ed esperimenti, l'apporto di studiosi di diverse aree disciplinari, convegni, dibattiti, realizzazioni ecc., tutto ciò che contribuisce a formare «un quadro che può sembrare confortante», ma «al di fuori di un diffuso interesse per una problematica che si sente strettamente collegata con il progresso di tutta la nostra società, questo movimento non porta ancora sulla buona strada». Il «chiasso che si fa intorno ai principi teorici e alle scoperte psicologiche può servire a distrarre l'attenzione dalla vera miseria in cui si dibatte la nostra scuola». L'uscita da quella che viene definita una «condizione educativa miserevole» non può «limitarsi all'elaborazione di teorie e sistemi», deve essere un'«azione politica che spinga la nostra società a realizzare una scuola che abbia le carte in regola». E questa azione politica «è vano attenderla dalle attuali classi dirigenti. I pedagogisti e gli educatori devono cercare altri collaboratori, altri, più validi alleati, sollecitando la maturazione, già in atto, di una più diffusa coscienza scolastica tra le classi tenute finora lontane dagli interessi culturali. Una nuova prospettiva può aprirsi per il mondo della scuola soltanto collegando la battaglia per la scuola con il rinnovamento di tutta la vita sociale sulla base di rinnovati rapporti umani» (Bertoni Jovine, 1958, pp. 491-2).

Non esiste un'emergenza educativa in sé, non è in crisi l'educazione-apprendimento, non si sono prosciugate le sue fonti ed esauriti gli obiettivi, bensì si è indebolita quell'aspirazione pedagogica tesa a esercitare un'egemonia sull'educazione, e a esercitarla nel senso di pensare, predisporre e governare, anche solo intellettualmente, le esperienze educative. Inoltre, può essere considerata in crisi, oltre che l'aspirazione all'orientamento e alla direzione dell'educazione, anche l'aspirazione a individuare e indicare degli obiettivi educativi, se pensati come obiettivi che maturino, o quanto meno siano affinati, negli ambienti pedagogici tradizionalmente intesi[9].

La crisi economica degli ultimi anni, con tutte le sue implicazioni educative, può essere considerata un'ulteriore spinta della continuativa opera definibile "di disincantamento" che la modernità opera costantemente su di sé, anche rispetto a quegli incantamenti che essa stessa produce. Un'opera che si riflette anche nella/sulla pedagogia, in particolare su quella ancora troppo incantata di e su sé stessa. Ma, forse, al pari dell'educazione, non è in crisi la pedagogia in sé (pensieri intenzionali e consapevoli, anche forti, sull'educazione si producono sempre), quanto l'ideale dell'autonomia della pedagogia e della sua leadership su comparti importanti dell'educazione, ed è in crisi perché la pedagogia non è più, semmai lo è stata, il luogo prevalente della produzione del pensiero e della progettualità in ambito educativo; perché i fatti dell'educazione non sono più (semmai in qualche periodo lo siano effettivamente stati) di sua prevalente competenza orientativa. È la fine dell'illusione (dell'incantamento) dell'egemonia del pedagogico sull'educazione.

1.3
Lo sguardo pedagogico-sociale

1.3.1. LA PEDAGOGIA E L'OGGETTO DELLA PEDAGOGIA

La riflessione pedagogica ha per oggetto l'educazione e, al contempo, sé stessa (identità, senso, epistemologia). Porsi domande attorno alla propria essenza e funzione non può disgiungersi dallo stare sul proprio

9. In questo quadro va inserita anche la consultazione "Rispondi all'appello per la buona scuola" lanciata nella seconda metà del 2014 dal governo Renzi: una richiesta di pareri estesa universalmente a tutti coloro in possesso di qualche esperienza dell'educare (cioè tutti) e non rivolta solo a un pubblico di specialisti.

"pezzo", cioè l'educazione; entrambe sono argomenti sempre presenti e interagenti, e la ripartizione "quantitativa" di tale attenzione pedagogica sull'una o sull'altra risente tanto del dibattito interno quanto delle influenze esterne, quali, per esempio, le turbolenze o le stagnazioni attorno alla possibilità e ai modi della conoscenza e dell'interpretazione del sapere generale e di quello pedagogico in particolare, oppure, per esempio, il dibattito attorno al "nuovo realismo" che interessa anche la pedagogia (Corbi, Oliverio, 2013), piuttosto che la necessità di farsi carico delle caratteristiche e delle conseguenze educative delle crisi economiche. Inoltre, la "ripartizione" delle riflessioni potrebbe modificarsi a seguito di spinte istituzionali tendenti a modificare l'organizzazione del sistema formativo, piuttosto che di esigenze metodologiche che maturano, per esempio, nel campo dell'educativa di territorio, affinché si predispongano ambiti di interazione interculturale o interventi preventivi nei confronti di quello che è comunemente definito "il disagio degli adolescenti". Ma non sono solo i movimenti in campo culturale e sociale o le spinte istituzionali a determinare gli oggetti parziali della riflessione pedagogica; può essere anche l'educazione diffusa, informale, a porsi, alcune volte, con una sorta di prepotenza, al centro della riflessione pedagogica, come nel caso delle tensioni nelle periferie urbane o degli effetti educativi dei media e delle nuove tecnologie. Essa può invitare alla ricerca di quell'auspicata sintesi teorico-concettuale e operativa costituita dal riflettere su di sé mentre si è impegnati a rifletter sul proprio oggetto, e anche sul proprio essere oggetto di riflessioni che maturano in altri ambiti disciplinari.

Quando la pedagogia pone sé stessa al centro della propria riflessione, lo fa per pensarsi meglio nei suoi elementi costitutivi e nelle sue connessioni, e lo fa anche a causa di criticità che la costringono a ripensarsi rispetto alle proprie dinamiche interne o alla natura dei rapporti con altre aree disciplinari o con il contesto sociale. Se la pedagogia può essere considerata una sorta di batesoniana "struttura che connette", gli elementi connessi possono essere diversi in relazione ai tempi, ai luoghi, ai compiti che alla pedagogia e all'educazione sono socialmente richiesti, e in relazione agli orientamenti culturali, alle motivazioni e agli intenti di chi tenta le connessioni. Conseguentemente, possono esservi delle pedagogie molto più attente alle proprie componenti valoriali, piuttosto che a quelle metodologiche, filosofiche, sociali. La "partita" tra pedagogia (struttura che connette) e "scienze dell'educazione" e i saperi accademicamente distinti e codificati, così come la partita tra pedagogia e pratiche e soggetti sociali, è sempre aperta. L'ambito di riflessione della pedagogia non può che essere "includente", cioè non può avere confini precisi, perché a delimitarlo concorrono molte *variazioni di variabili*, non solo riferite alle aree della conoscenza disciplinare, ma anche alle concrete manifestazioni delle esistenze: il gioco tra le età della vita, i differenti livelli di intenzionalità e formalizzazione dell'educare, l'equilibrio precario tra moti conservativi e trasformativi, i nessi tra passato, presente e futuro. Pedagogia ed educazione sono, per natura e vocazione, territori di confine tra discipline e pratiche diverse, ma nello stesso tempo sono anche zone di scorreria (o di disinteresse) per altre attenzione disciplinari, non solo di tipo teorico ma anche operativo. Per quanto riguarda il versante operativo, chi ha esperienza di servizi e interventi educativi sa benissimo che questi ospitano, con funzioni educative, operatori appartenenti ad aree disciplinari contigue a quella pedagogica-educativa, e ciò pone problemi di riduzione delle possibilità occupazionali e di rischi di reattiva difesa corporativa dei propri ambiti. Nella situazione attuale non è possibile che accada il contrario, cioè che educatrici ed educatori operino in quanto assistenti sociali o psicologi, e ciò anche grazie a (legittimi) confini e filtri in ingresso collocati dagli ordini professionali. Nello stesso tempo, tale non reciprocità di sconfinamento affonda nell'ancora troppo radicato convincimento che tutti possono educare senza alcuna specifica formazione, vuoi perché operatività "semplice", vuoi perché attività "naturale" degli esseri umani, mentre le altre professioni non sono legate a una qualsivoglia attività ritenuta naturale. Ma la questione del rapporto tra pedagogia e scienze umane e sociali ha anche dei risvolti che vanno oltre le "invasioni di campo": è anche un problema di pensarsi o essere pensati come soggetti di pari dignità scientifica. Illuminante nella sua immediatezza e essenzialità è un brano tratto dal dattiloscritto dell'ultima lezione universitaria di Giovanni Maria Bertin: «Una vecchia impostazione, dura a morire, decaduta ma non deceduta, caratterizzata da una falsa connessione tra sapere filosofico e sapere pedagogico (intesa spesso dai filosofi come dipendenza della pedagogia dalla filosofia: sua appendice e applicazione) non è superata dalla più recente sostituzione delle scienze sociali alla filosofia, poiché queste non hanno mutato per nulla la sudditanza della pedagogia, se non forse con l'accentuazione di una benevola indifferenza verso gli sforzi reiterati di aggiornamento antropo-bio-psico-sociologico da parte del pedagogista, invero scarsamente corrisposto da uno sforzo parallelo di aggiornamento pedagogico da parte degli esponenti delle discipline in questione» (Bertin, 1982, p. 9).

Tutta la pedagogia, nelle sue distinte aree d'interesse, applicazione e ricerca, non è impermeabile a ciò che accade nel mondo, ma se c'è un'area della pedagogia che, per propria identità "disciplinare" e per i vincoli che nascono dalla stessa definizione e riconoscibilità, vi è immediatamente, direttamente e totalmente coinvolta, questa è la pedagogia sociale (Sarracino, Striano, 2002; Alessandrini, 2003; Blezza, 2005; Striano, 2005; Tramma, 2010; Orefice, 2011). Non può fare alcun appello riflessivo-difensivo a tempi lunghi, a "terre di nessuno", ad ammortizzatori, a camere di compensazione collocate tra sé e le trasformazioni degli assetti sociali, distinguendosi parzialmente in questo da quella parte della pedagogia che trova nella scuola il principale campo di riferimento. Infatti, alcune trasformazioni sociali arrivano nella scuola in tempi brevissimi[10], ma nel suo spazio-tempo vi sono soggetti, comparti e "dispositivi" che determinano rallentamenti, filtri in ingresso, sospensioni, diluizioni, mediazioni. La scuola è coinvolta immediatamente dalle trasformazioni sociali, alcune volte favorendole altre volte rallentandole, ma in ogni caso è interessata anche da prospettive di tempi relativamente lunghi: quelli della formazione dei soggetti ai quali l'istituzione si rivolge, quelli che anagraficamente separano i docenti dai discenti, quelli degli immancabili tentativi di riforma che la dovrebbero coinvolgere. La pedagogia sociale invece è, come detto, immediatamente e totalmente coinvolta dalle dinamiche sociali. E in questo non si differenzia di molto da altre aree pedagogiche che potrebbero essere definite "applicate", cioè quelle che rivolgono la loro attenzione su alcuni distinti addensati di questioni educative (dalla pedagogia interculturale alla pedagogia dell'adolescenza). Però, a differenza di alcune tra queste aree, la pedagogia sociale deve, o dovrebbe, assumere su di sé e in sé *tutta* la problematicità e le contraddizioni del rapporto tra educazione e società. Ciò che la distingue è l'essere coinvolta nella sua interezza da quanto accade nel territorio di riferimento, che risulta essere contemporaneamente il globale, l'intermedio, cioè il ter-

10. Arrivano fenomeni sociali quali i processi migratori e arrivano le reazioni educative a problemi sociali nuovi o a quelli antichi riformulati; si pensi alle attività di formazione, alcune volte emergenziali, quali quelle per la legalità, contro il cosiddetto "bullismo" ecc.

ritorio nazionale (anche in tempi di ridimensionamento della capacità da parte degli stati nazionali di incidere sul quotidiano delle persone), e il locale, inteso come territorio effettivamente percorribile e vissuto dai soggetti che abitano la contemporaneità e le sue contraddizioni.

La pedagogia sociale è coinvolta sempre e comunque, poiché è il piano teorico riflessivo dell'educazione sociale, cioè di quell'educazione diffusa, esistente sempre e comunque, in condizioni sia di calma piatta, sia di movimenti carsici, sia di eventi tumultuosi. Un'educazione "sistemica" nella quale diventa arduo, seppure sempre e comunque necessario, tentare delle analitiche operazioni descrittive e interpretative di separazione, in tempi nei quali gli avvenimenti sociali si influenzano e si condizionano reciprocamente, producendo cambiamenti nei contesti territoriali locali e nelle diverse aree dell'esistenza. L'educazione è intrisa di prassi sociali concrete, le prassi sociali concrete sono intrise di educazione, l'una producendo e modificando costantemente l'altra. L'educazione ufficiale intenzionale è un tentativo di governo di tale circolo, e tale tentativo assume prevalentemente, ma non solo, la configurazione dell'istituzione scolastica.

L'instabilità sociale diventa instabilità educativa, soprattutto per quando riguarda le dimensioni informali, e ciò rende necessario aggiornare continuamente la riflessione pedagogica. La pedagogia sociale, ma in realtà tutta la pedagogia, non può esimersi dunque dal riflettere costantemente e contemporaneamente sul proprio oggetto di attenzione e su sé stessa, pur se, per quest'ultimo, è necessario mantenere alta la soglia di attenzione nei confronti del rischio di autoreferenzialità e solipsismo. È uno specchio che descrive il sociale, nelle sue staticità e nei suoi mutamenti, e lo interpreta pedagogicamente, azzardando delle prospettive di azione inevitabilmente derivate dalla cultura scientifica e politica di chi rivolge lo sguardo al sociale per ipotizzarvi azioni di comprensione e trasformazione.

1.3.2. Il senso dell'educare oggi

Occuparsi di educazione nella contemporaneità con un atteggiamento pedagogico-critico, in particolare con un'attenzione pedagogico-sociale, comporta l'obbligo di porsi una serie di interrogativi ai quali è possibile rispondere con contenuti e stili differenti. Possono esservi risposte esortative, nette e affermative, da quelle totalmente apocalittiche a quelle completamente integrate, per riprendere la nota distinzione di

Umberto Eco (1964); risposte incerte e dubitative, da quelle dubitative immobiliste-auroferenziali-nulliste a quelle dubitative finalizzate a ulteriori approfondimenti, e anche risposte sincere o insincere. Si tratta di porsi domande, pur non essendo scontato che tali domande possano sempre trovare delle risposte puntuali ed esaustive. Contemporaneamente, tale porsi domande implica il superamento del pregiudizio che non sia intellettualmente raffinato tentare di rispondervi, affrancandosi quindi da quella retorica – che dovrebbe essere assunta a dosi omeopatiche – della domanda che fa nascere altre domande che fanno nascere ulteriori domande.

Occuparsi di educazione nella contemporaneità significa perciò porsi domande in cerca di (instabili) risposte rielaborando la regola delle "cinque W" del giornalismo anglosassone (*who*, *what*, *when*, *where*, *why*, ossia chi, che cosa, quando, dove, perché)[11], riformulandole in:

– quali sono i soggetti coinvolti dai processi educativi, in altri termini *chi* educa *chi* e *chi* è educato da *chi*;
– *perché* educare: qual è il senso generale e particolare dell'azione educativa;
– *a che cosa* educare, a quali apprendimenti generali e particolari, universali e contingenti;
– *quando* e *dove* educare: quali sono i tempi e i luoghi dell'educare;
– *come*: quali sono le modalità più opportune per organizzare le risorse in funzione degli apprendimenti auspicati.

Tali domande conducono a imbuto alla questione principale: è possibile rintracciare un senso dell'educare oggi, che vada oltre le apparentemente neutre e armoniche affermazioni riguardanti l'acquisizione di saperi e competenze "per tutta la vita", l'espressione di sé, l'insegnamento/apprendimento delle caratteristiche del "buon cittadino", piuttosto che la riproposizione del principio trasversale e onnicomprensivo di una educazione all'umano, cioè una sorta di tanto affaticata quanto riattualizzata, *paideia*? Non è facile trovare una risposta a tale questione, cioè tracciare linee di senso per l'educare oggi, perché l'educare, nelle sue differenti configurazioni, si nutre di "cose" apparentemente scontate, di verità date per evidenti, di certezze inossidabili, non sottoposte alla salutare virtù del dubbio, proprio laddove la necessità dell'esercizio della messa in discussione, della ri-

11. Regola utilizzata recentemente da Paolo Ferrario per analizzare le politiche dei servizi (Ferrario, 2014a, pp. 93 ss.).

formulazione ed, eventualmente, della riconferma di tali "cose", non arriva sempre alla mente educante/educata e, qualche volta, neppure a quella pedagogica. È invece necessario ogni tanto interrogarsi sul senso dell'educare, mettere in discussione i "fondamentali" e non solo le questioni periferiche, e farlo in relazione al periodo, al contesto, ai destinatari e agli obiettivi. Interrogarsi sul senso dell'educare, anche in relazione alla frammentarietà dell'esistente, comporta articolare una domanda generale in molti di quegli interrogativi parziali che costantemente hanno accompagnato, più o meno evidentemente, le riflessioni pedagogiche.

Non sono domande meramente retoriche, bensì fondazionali, che si collocano tanto sul piano teorico generale quanto su quelli di interconnessione con le pratiche (come, per esempio, la progettazione), poiché l'educazione è sempre educazione di qualcuno nei confronti di qualcun altro in funzione di qualcosa. Questa riflessione sul senso dell'educare riguarda tutta l'educazione: quella socialmente auspicabile connessa ai corsi di vita "normali" e che ha la sua principale tradizione di riferimento nella scuola; quella connessa ai corsi di vita "speciali" caratterizzati dal superamento di una certa soglia di disagio (del soggetto e/o sociale) e che ha nella varietà dei servizi socioeducativi una rilevante tradizione di riferimento; tanto quella che riguarda l'educazione intenzionale (progetto, servizi, teorie di riferimento), quanto quella non intenzionale, sociale, diffusa, informale.

La necessità di porsi domande sui fondamentali è dovuta oggi anche all'accelerazione di processi avviati nella seconda metà del Novecento o all'irrompere di nuovi nei decenni successivi, quali l'esaurimento della concezione della famiglia come progetto e assetto apparentemente naturale e immutabile, costituita dall'unione amministrativamente e religiosamente legittimata di un uomo e una donna a fini riproduttivi, il moltiplicarsi dei luoghi di formazione, la globalizzazione, l'assenza e la precarietà del lavoro, l'ulteriore riduzione e, nello stesso tempo, la rivitalizzazione delle dimensioni comunitarie territoriali. Inoltre, non va sottovalutato il ridimensionamento del ruolo di alcuni importanti "intellettuali collettivi", cioè di coloro in grado di esercitare, per usare ancora uno stimolo gramsciano, "egemonia", vale a dire orientamento valoriale, culturale, quindi educativo su importanti settori della società. Ciò ha riguardato, in particolare, partiti e sindacati, ma anche la Chiesa che, pur vivendo fasi di successo legato ad alcune delle persone che l'hanno diretta e la dirigono, non è più in grado di esercitare funzioni di orientamento dei comportamenti importanti (matrimonio, interruzione della gravidanza) e frequenti della vita quotidiana (sessualità).

In questa situazione, la ricerca del senso dell'educare, più che al tentativo di riproporre assetti del recente o dell'antico passato, più che alla beatificazione frettolosa di disegni deboli di società o di umano senza (ancora) solide basi e prospettive di realizzarsi, più che al rifugiarsi nell'illusorietà di un'educazione autosufficiente che ricava da sé stessa senso e obiettivi, più che tutto deve orientarsi all'introdurre nel circuito comunicativo-educativo un'idea di modo di essere che si collochi sul piano della critica, anche radicale, all'esistente, senza che da tale critica debba e possa obbligatoriamente uscire un disegno in grado di prevedere con certezza e sincerità modi di essere delle donne, degli uomini e della vita nel futuro. In altri termini, la globalizzazione liberista, la finanziarizzazione dell'economia, l'alterazione dei centri e dei processi nazionali e internazionali del potere non hanno prodotto l'alternativa a loro stesse. Non è ancora possibile intravedere un superamento della situazione attuale verso prospettive di mondializzazione virtuosa, nella quale la finanza sia funzionale a una produzione in grado di soddisfare i bisogni reali dell'insieme dell'umanità, governata da un sistema di potere democratico nella sua centralizzazione e nei suoi decentramenti, ma è con tutto ciò che è indispensabile e inevitabile fare i conti.

2
Le implicazioni pedagogiche della crisi

Per definire i tempi attuali si potrebbe utilizzare l'improbabile termine *post-postmoderno*, intendendo con questo un periodo che succede a un altro non meglio identificato[1], apparentemente e/o realmente successivo alla modernità e che è stato definito in molti modi, tra i quali, alcune volte, postmoderno (Khumar, 2000). Ma post-postmoderno potrebbe essere anche parola utilizzabile per rimarcare l'esaurimento precoce della definizione postmoderno, una definizione "debole" che ha avuto una breve, quanto effimera, stagione di successo. Per ogni contemporaneità è sempre arduo fornire definizioni di sé stessa, a maggior ragione lo è adesso, quando crisi e mutazioni strutturali e contingenti hanno investito e investono qualsiasi settore della vita sociale e ogni aspetto delle esistenze individuali e collettive, quasi a rendere impossibile fermarsi a pensare per individuare le coordinate volte a stabilire una qualsivoglia rotta o a determinare la propria o l'altrui posizione. Nella mutevolezza attuale però, più che manifestarsi un carattere precipuo e distintivo di una contemporaneità che la connoterebbe come completamente altra da ciò che l'ha preceduta, si esprime (senza ammortizzatori e fumogeni) quella condizione di crisi permanente che è l'essenza distintiva della modernità, ben sintetizzata da Marshall Berman: «Essere moderni vuol dire trovarsi in un ambiente che ci promette avventure, potere, gioie, crescita, trasformazione di noi stessi e del mondo; e che, al contempo, minaccia di distruggere tutto ciò che abbiamo, tutto ciò che conosciamo, tutto ciò che siamo» (2012, pp. 25); un ambiente nel quale «impulsi e bisogni contraddittori che ci ispirano e ci tormentano» e in cui convivono «il nostro desiderio di valori chiari e solidi cui

1. Come sintetizza Alaine Touraine (2014, p. 42), «stiamo vivendo una mutazione storica, il passaggio dalla società postindustriale a un'altra ancora in costruzione».

uniformare le nostre vite e il nostro desiderio di sperimentare le illimitate possibilità della vita e dell'esperienza moderne» (ivi, pp. 47-8). È in tale continuativa e costitutiva crisi che una parte della pedagogia e dell'educazione moderne e moderno-contemporanee hanno operato e operano, alcune volte limitandosi a constatare, contemplare o subire ciò che accade, altre volte riuscendo a fornire a una parte dei soggetti coinvolti strumenti per affrontare o, quanto meno, per tentare di descrivere e capire i movimenti della modernità e della contemporaneità.

L'intento dei prossimi paragrafi è quello di individuare alcuni elementi del quadro che nasce dall'intreccio dei processi trasformativi della contemporaneità, per analizzarlo pedagogicamente e tentare di coglierne alcune tra le molte ricadute e implicazioni educative formali e informali. In particolare, per comprendere quale ruolo gioca o potrebbe giocare, all'interno di tale quadro, una pedagogia maggiormente curvata sul sociale. Parte dei movimenti che caratterizzano la contemporaneità, nella loro distinzione e nel loro intreccio, si trasformano cioè in altrettante aree di problematicità pedagogica. Alcune tra quelle che hanno maggiori ricadute possono essere individuate, in particolare:

- la *crisi del welfare state*, intesa quale espressione e conseguenza delle teorizzazioni e delle prassi neoliberiste, privatistiche e neocomunitaristiche relative alle più significative forme e modalità di protezione sociali del Novecento. Una crisi che si configura quale scenario nel quale si palesano e, nello stesso tempo, si rafforzano e riformulano alcune delle principali difficoltà della pedagogia e dell'educazione;
- in stretta connessione con la crisi del welfare state, la costante *riformulazione tra le dimensioni individuali e collettive dei corsi di vita*, in termini di appartenenze, traiettorie, prevedibilità, effettive capacità di controllo e di governo da parte delle persone;
- la comparsa di *nuove fragilità* economiche, sociali, relazionali, esistenziali, accanto alla persistenza e alla cronicizzazione di quelle antiche: una particolare "sfida" per coloro che collocano la propria concettualizzazione e operatività pedagogica soprattutto nelle aree della prevenzione e della riabilitazione del disagio;
- la comparsa di forme di *malessere sociale* che, per l'indebolimento di alcuni attori e per l'esaurimento di alcuni quadri interpretativi e operativi di mediazione dei conflitti, si trasformano in forme espulsive e/o aggressive verso altri (la politica, il sociale genericamente inteso, gruppi specifici di popolazione), se non in forme o manifestazioni di conflittualità prepolitiche e apparentemente afinalistiche.

Sono crisi sociali che si trasformano in problematicità pedagogiche e "sfidano" chiunque, pur dissenziente nei confronti dell'esistente, ritenga che in tale esistente ci si debba consapevolmente stare, senza tentare di uscirne attraverso l'illusoria traduzione dei propri desideri in realtà (per esempio, le potenzialità trasformative dell'educazione), oppure attraverso un "signorile" distacco introspettivo e/o contemplativo, e neppure attraverso la logica del migliorismo arrendevole o quella del prospettare orizzonti (sedicenti) trasgressivi.

2.1
La crisi e la rimozione del welfare state

A una lettura riduttiva, le vicende del welfare state (d'ora in avanti WS) negli ultimi anni parrebbero riguardare solo le politiche previdenziali, sanitarie e assistenziali, molto meno quelle educative, e questo anche a ragione del fatto che le spese statali che lo riguardano direttamente non sono riconducibili al capitolo dell'istruzione, cioè non sono associabili al capitolo da sempre dedicato all'educazione, quanto meno a quella formale, intenzionale e ufficiale. Ma il WS non può essere inteso esclusivamente come una logica, un apparato e delle prassi che si attivano soltanto in caso di penalizzazioni potenziali o in atto (visione ristretta), ma riguarda, sia in teoria sia in pratica, anche le politiche, prassi e concezioni educative (visione allargata). Il WS è finalizzato, infatti, non solo a "riparare" e prevenire storie e condizioni di problematicità, ma anche ad attenuare condizioni di svantaggio iniziale attraverso interventi sugli aspetti materiali dell'esistenza e azioni tese a fornire saperi e competenze all'insieme dei soggetti. Se si adotta una visione allargata e non ristretta del WS, allora la sua crisi diventa uno dei più importanti punti di partenza e di approdo, se non il principale in assoluto, per analizzare lo stato attuale dell'educazione e della pedagogia. Da questo vertice, quella del WS è una crisi di tipo nuovo, non riconducibile solo, o prevalentemente, alle difficoltà economiche che da sempre lo interessano e rispetto alle quali Ferrario (2014a, p. 171) afferma che «fin dalle sue origini lo stato sociale e le conseguenti politiche di welfare si sono confrontate con il problema della crisi, proprio in ragione dell'oggettivo dislivello, presente storicamente in forme diverse, fra la quantità e la qualità delle aspettative personali (fra cui anche i consumi per il benessere personale) e le risposte possibili in relazione alle risorse disponibili». Ma ora è in crisi la stessa idea di welfare pubblico, poiché considerato incapace di affrontare i vecchi e nuovi bisogni sociali che si presentano nella contemporaneità, a prescindere dall'insufficiente disponibilità di risorse (come visto, le risorse del welfare per definizione non sono sufficienti a rispondere alle domande esplicite e latenti). Dalla crisi attuale non si uscirebbe quindi razionalizzando le risorse o agendo attraverso la leva fiscale per operare ulteriori ridistribuzioni del reddito, ma smantellando virtuosamente il welfare pubblico e sostituendolo, come appare in modo eclatante in campo sanitario, con forme di privatizzazione elitaria, di privatizzazione *low cost*, di neocomunitarismo di vario tipo. Il WS non potrebbe tornare a essere quello teorizzato e parzialmente realizzato nel trentennio glorioso e negli anni successivi, anche se ci fosse un significativo, quanto improbabile, aumento delle risorse a disposizione, dal momento che sono stati radicalmente messi in dubbio i suoi assetti e le sue funzioni, e lo stesso contratto sociale che lo ha configurato e sostenuto.

La crisi del WS rappresenta uno dei principali elementi costitutivi dello scenario (economico, sociale e culturale) nel quale collocare qualsivoglia riflessione riguardante la condizione di vita delle persone, di conseguenza anche un costante riferimento per ogni argomentazione riguardante l'educare, tanto quello consapevole e intenzionale, quanto quello non consapevole e non intenzionale. Non porre al centro dell'attenzione le trasformazioni e la crisi che in questi ultimi decenni hanno interessato il WS o, in una difficilmente credibile visione più ottimistica, i movimenti e le tensioni trasformative "migliorative" che lo starebbero interessando, costituirebbe un limite invalidante per qualsiasi tentativo di indagare la contemporaneità e il modo di stare e di agire in essa. In altre parole, riflettere attorno allo stato dell'educazione e della pedagogia senza tenere conto della crisi di credibilità e di senso del WS, prima che della scarsità di risorse a sua disposizione, potrebbe inficiare qualsiasi analisi pedagogica che non voglia rimanere in quella sorta di limbo all'interno del quale si muovono soggetti astratti senza concrete connotazioni sociali, sempre e comunque coinvolti da intenzioni educative tendenti a formarli come persone tanto complessive quanto evanescenti. In altri termini, le politiche educative tutte non possono che essere lette anche alla luce, oltre che della quantità e della qualità delle prestazioni del WS, dello strisciante disconoscimento dei suoi meriti e della rimozione dei suoi intenti originari. E questo perché le politiche e le prassi educative sono direttamente o indirettamente parte integrante del WS: non dipendono esclusivamente da loro stesse e dalla loro storia, e le loro trasformazioni influenzano e sono influenzate dalle politiche che maturano e si attuano in altri settori di intervento pubblico o, come sarebbe più opportuno dire, ex pubblico.

Prima di proseguire nella riflessione attorno alle implicazioni educative del WS e della sua crisi, è necessario delineare preventivamente, con sufficiente precisione, che cosa si debba intendere per WS come entità sufficientemente solida e realizzata e, conseguentemente, quando, venuta meno tale solidità, si possano riconoscere invece segni della sua fine o del suo esaurimento, nonché del percorso che conduce a ciò. Il WS si è costruito progressivamente (con un'accelerazione nel periodo della grande trasformazione) attraverso processi nei quali è stato riformulato il gioco tra le opportunità e i rischi nei corsi di vita individuali e collettivi, in particolare quando si è solidificato il progressivo indebolimento della capacità di fornire servizi assistenziali ed educativi da parte delle tradizionali agenzie di cura, sostegno e solidarietà. L'espressione WS «viene utilizzata per i indicare i processi decisionali, le azioni e i contesti istituzionali, variamente organizzati, attraverso cui si sviluppano le politiche sociali orientate a creare situazioni di sicurezza per i cittadini, a ridurre le disuguaglianze sociali nell'accesso alle risorse e a offrire servizi sociali, educativi e sanitari» (Ferrario, 2014b, p. 403). Nato «dai processi di modernizzazione che dissolvono la società tradizionale, per sopperire a forme di protezione preesistenti e al tempo stesso per neutralizzare la mobilitazione delle "classi pericolose", il WS è la più completa espressione di un'assunzione di responsabilità collettiva a fronte non solo delle molteplici situazioni di bisogno determinate da fattori naturali, ma anche, o soprattutto, [dalle] forme di dipendenza create dall'uomo» (Girotti, 2005, p. 777).

Chiara Saraceno, una delle più attente studiose della società italiana, con la consueta lucidità afferma che «perché si possa parlare di welfare state, e non semplicemente dell'esistenza di una qualche forma di protezione sociale, occorre che lo Stato assuma in modo sistematico la responsabilità per la soddisfazione dei bisogni fondamentali dei suoi cittadini e non solo di alcune categorie, configurando un insieme di diritti sociali. La solidarietà e la distribuzione pubblica integra quella privata-familiare, distinguendosi sia da quella caritatevole sia da quella mutualistica per il suo carattere non discrezionale e tendenzialmente universalistico» (Saraceno, 2013, p. 13).

Stante questa definizione, la semplice presenza di un insieme di interventi di protezione a carattere privato, di mercato o solidaristico non garantisce in sé di essere al cospetto del WS, e questo anche qualora lo Stato si assumesse formalmente delle funzioni di governo riguardanti i requisiti dei soggetti produttori e destinatari degli interventi: il dato connotante il WS è la sua centratura sui bisogni e sui diritti dell'insieme dei cittadini, e non solo su quelli di alcuni gruppi, e a prescindere dalle capacità e dalle possibilità di autotutela che possiedono.

2.1.1. IL RIDIMENSIONAMENTO DEL WELFARE

Il ridimensionamento economico, organizzativo e, soprattutto, culturale del WS ha molte e diversificate conseguenze, non tutte circoscrivibili all'area della lineare diminuzione della quantità e della modalità di fruizione di beni e servizi da parte dei cittadini, ma anche di tipo squisitamente educativo riguardanti la cittadinanza e l'appartenenza. In primo luogo, si manifesta l'indebolimento della percezione dell'intervento pubblico come dimensione di garanzia universalistica o quanto meno, nel caso di una concezione ristretta del WS, estesa a tutte le persone in condizioni di bisogno. In secondo luogo, si tratta del ridimensionamento della percezione di appartenenza a una collettività reale che, pur se vasta nelle sue dimensioni, si manifesta tale solo quando effettivamente e sistematicamente si prende cura dei propri componenti con attività articolate e quantificabili e non con impalpabili stati d'animo e discrezionali comportamenti solidaristici da parte di alcuni dei soggetti che ne fanno parte. È un ridimensionamento della centralità del pubblico che si aggiunge a una consolidata storia di antistatalismo esplicito e latente e si accompagna all'aumento di forme di familismo collettivo discutibili, neutre o virtuose che siano, che oltrepassano il sistema familiare in senso stretto. È il caso, per esempio, del recupero di forme mutualistiche *d'antan* spacciate come nuovo modo di cautelarsi o di stare nelle relazioni industriali. In altre parole, il ridimensionamento del WS, oltre ad avere importanti conseguenze concrete in alcuni significativi passaggi e stati dell'esistenza delle persone, comporta anche l'accentuarsi della convinzione che a bisogni individuali (che altro non sono se non la personalizzazione di bisogni comuni) si debba dare una risposta individuale, oppure che si debba riceverla da microrganismi che poco, o nulla, hanno a che fare con lo Stato. Gli esempi di privatizzazione-individualizzazione sono molti: dalla diffusione del fenomeno delle assistenti familiari (badanti) alla voucherizzazione delle prestazioni sociali e formative (buono scuola), dalla sanità privata *low cost* alle assicurazioni integrative. Tutto ciò ha concorso e concorre a produrre ulteriori apprendimenti attorno a uno degli assi centrali del capitalismo attuale, cioè l'idea dell'opportunità-auspicabilità della costruzione "in autonomia" della propria storia di vita, una costruzione caratterizzata dall'ossimoro della libertà obbligata, anche in caso di insorgenza di condizioni problematiche.

La crisi del WS accentua dunque il ridimensionamento del concetto di "bene comune" concretamente, realisticamente e diffusamente riconosciuto e praticato[2], e ciò genera un vuoto riempito, quando i soggetti sono in grado di farlo, da soluzioni individuali o microcollettive, oppure un vuoto che, alcune volte, lascia spazio, per esempio, all'aspirazione a un bene comune metafisico e universalistico, anche se molto materiale e concreto come l'acqua, tutto ciò sostituendo quel bene comune pubblico molto prosaico e "fisico" nelle sue presenze e nei suoi atti.

2.1.2. IL PLURIMO PENSIERO UNICO SULLA FINE DEL WELFARE STATE

Nella riflessione attorno alle politiche di WS si assiste all'esplicitarsi di una sorta di pensiero unico molteplice e differenziato, dove l'unicità sta nel ritenere l'esperienza del WS classico esaurita, mentre la molteplicità e la differenziazione stanno nell'analisi delle cause e nelle prospettive di superamento di tale esaurimento. È un pensiero unico che si forma attraverso un gioco di argomentazioni di vario tipo, anche antagoniste tra loro, ma che finisce per costituire quasi un disegno strategico, orientato a invalidare il WS, all'interno della più generale invalidazione dello Stato e del pubblico, quasi un'ulteriore puntata di quella sempiterna e vivace narrazione neoliberista contro lo Stato e tutte le sue possibili articolazioni, che trova "convergenze parallele" con posizioni neocomunitariste, sussidiariste, e con tutte quelle che tendono a ridurre la sua "intrusività" nelle vita delle persone e delle organizzazioni[3].

All'interno di questo pensiero unico/molteplice emerge la tenden-

2. Il bene comune, secondo la prosaica definizione di Noam Chomsky (2014, p. 32), è composto dall'assemblaggio di giustizia, benessere e realizzazione delle aspirazioni di ognuno. Goffredo Fofi (2009, p. 8) sottolinea, a questo proposito, quanto «una socialità cosciente del bene comune non nasce in un qualsiasi momento e, soprattutto, non nasce da sé, senza grandi movimenti culturali e storici a determinarla e sorreggerla».

3. Scrive Nikolaj Gogol' (2013, p. 33) nel *Naso*: «Un signore disse con malumore che lui non capiva come nel nostro secolo di lumi potessero diffondersi simili assurde fantasie, e che si meravigliava altamente che il Governo non vi ponesse rimedio. Que-

za al «modello di welfare statunitense, nel quale il ruolo delle organizzazioni non profit è decisamente più importante di quello dello Stato» e che si realizza attraverso un gioco di defiscalizzazione, assicurazioni, organismi che erogano contributi. Tutto ciò si presenta come qualcosa di profondamente diverso rispetto alla tradizione europea, nella quale è «lo Stato il garante del benessere dei cittadini e l'accesso ai servizi è, almeno in linea di principio, una garanzia universale e soprattutto una faccenda di diritti» (Moro, 2014, pp. 39-41).

Il ridimensionamento del WS ha generato attori diversi (privato profit e privato non profit) che rivendicano presenza e libertà di movimento all'interno del sistema di offerte, rivendicazione non sempre giustificata dalle loro motivazioni "sociali" e dall'abilità, flessibilità e velocità nel rispondere ai bisogni delle persone, quanto piuttosto dalla necessità di sapere proporre e gestire bene i propri interessi "imprenditoriali".

Non deve essere peraltro ignorato che la crisi del WS potrebbe da alcuni anche essere considerata virtuosa, poiché consegnerebbe i bisogni delle persone all'agilità, efficacia ed efficienza del mercato privato o, in alternativa e/o in integrazione, al "terzo settore", liberando così tali bisogni dai vincoli del pubblico e il pubblico, a sua volta, dai vincoli di tali bisogni. In tal modo potrebbe delinearsi un parziale ritorno a un passato comunitario e/o mutualistico teorizzato come orizzonte positivo e auspicabile, sia pure in una versione riformata (fermo restando che la teorizzazione della bontà del privato rispetto al pubblico non copra le sempiterne intenzioni di profitto, se non di vero e proprio mercimonio). Da questa angolatura, la crisi sarebbe anche virtuosa perché consegnerebbe finalmente al dimenticatoio una certa idea di cittadinanza "passiva", considerata in sé negativa, per favorire una cittadinanza attiva, considerata in sé positiva. Tutte le uscite "positive" dalla crisi del WS rischiano però di somigliare a quella sindrome di ambito militare nella quale la ritirata rovinosa delle truppe è definita, nei comunicati ufficiali, come ripiegamento strategico per attestarsi su altre e più solide posizioni di difesa e attacco.

Alcune delle letture delle origini e configurazioni della crisi del WS non sono però riconducibili a posizioni tese a favorire la logica del mercato e dei profitti anche nell'ambito dei servizi alle persone. Vi sono infatti spiegazioni non del tutto volgari, seppure per questo non convin-

sto signore era, come si vede, nel numero di quelli che vorrebbero vedere il Governo immischiato in tutto, perfino nelle loro quotidiane baruffe con la metà».

centi, per esempio quella che riconduce la crisi a una sorta di conflitto generazionale tra il gruppo dei pensionati fordisti, garantiti e resistenti al cambiamento, e il gruppo dei non garantiti precari postfordisti per l'allocazione delle (sempre più) scarse risorse a disposizione. Quasi una dimensione conflittuale generazionale che diventa un sostituto parziale di altre dimensioni del conflitto tra classi o gruppi etnici.

2.1.3. LE IMPLICAZIONI PEDAGOGICHE DELLA CRISI DEL WELFARE STATE

Lo smantellamento del WS pone, come visto, questioni rilevanti che vanno oltre il secco ridimensionamento qualitativo e quantitativo delle azioni rivolte ai bisogni dei cittadini. Mette in dubbio quell'idea di cittadinanza, consegnata alla contemporaneità da una storia lunga che ha trovato la sua massima espressione, come accennato, nella seconda parte del Novecento, ed è densa di implicazioni pedagogiche che vanno oltre la modificazione dello scenario entro il quale si collocano il senso e la quantità delle azioni educative intenzionali (le politiche scolastiche, quelle per adulti ecc.) o le azioni di supporto finalizzate a favorire il diritto all'istruzione per i settori deboli della popolazione. Interessano, infatti, anche altri piani, in particolare quello degli apprendimenti diffusi o circoscritti che la crisi (le conseguenze materiali, le interpretazioni, le prospettive di soluzione) può favorire, in termini di modalità con le quali si affrontano i problemi individuali e collettivi, e al quadro di senso nel quale si collocano. E ciò, oltre che per le aree dell'esistenza maggiormente coinvolte dal WS, anche in termini di modificazione dei valori di riferimento relativi al rapporto tra l'Io e il Noi, cioè al rapporto tra i problemi individuali e le soluzioni collettive. Si prospetta una modificazione del senso di appartenenza che, in concorso con altri fattori, tende a favorire l'aumento delle appartenenze "micronoi" rispetto a quelle più ampie: si tratta dunque di un ridimensionamento dell'idea di "cittadinanza generale". Tale ridimensionamento rimanda al fatto che l'educazione alla cittadinanza realmente prospettata e praticata non avviene esclusivamente, e forse neppure prevalentemente, negli ambiti di formazione formale e nelle attività intenzionali a tale scopo dedicate. Avviene in moltissimi luoghi e tempi non intenzionali e informali, ed è particolarmente efficace (nel bene e nel male) laddove la percezione e la definizione di cittadinanza sono connesse con alcune dimensioni importanti, quotidiane e materiali dell'esistenza, come potrebbero essere quelle in cui maturano problemi, bisogni e domande affrontabili dagli interventi che sostanziano le politiche di WS. La cittadinanza, la pratica, la percezione, la formazione sono anche la risultante del bilancio tra domande poste al WS da soggetti individuali e collettivi e la quantità, la modalità e il quadro di senso entro il quale le risposte sono inserite, a partire dalla convinzione attorno all'opportunità-possibilità-legittimità di porre domande e di ricevere risposte. È evidente dunque che il WS *realmente* esistente e operante contribuisce a educare le persone anche alla percezione di loro stesse e al modo di essere cittadini. Il rapporto con le sue espressioni periferiche è una vera e propria esperienza di educazione informale rispetto al pensare al pubblico e al suo senso (afflittivo, solidaristico, repressivo ecc.), e questo non nell'astrattezza dei principi del diritto, ma nella concretezza delle azioni educative quotidiane. Inoltre, le prestazioni fornite dal WS contribuiscono a educare il modo di pensare la cittadinanza, e di pensarsi cittadini "veri", in relazione a particolari condizioni di bisogno di tipo fisiologico (la maternità) o patologico (la malattia, la disoccupazione).

Il modo nel quale il WS è pensato e si pone in termini di universalismo e/o selettività ha altre forti implicazioni educative, che si evidenziano rielaborando pedagogicamente gli stimoli prodotti dalla riflessione di Saraceno, in particolare rispetto alla possibile stigmatizzazione dei beneficiari, cioè al contributo fornito alla costruzione dell'identità percepita/attribuita a coloro che accedono alle sue prestazioni. Le manifestazioni locali della forma generale del WS aiutano a collocare e autocollocare i soggetti in gruppi di popolazione presenti all'interno del contesto sociale, potendo posizionarli in quello universale dei cittadini, senza apparentemente alcuna altra attribuzione, piuttosto che in quei gruppi caratterizzati da peculiari condizioni e bisogni, attenuando il gioco tra attribuzione e autoattribuzione delle identità parziali e generali. In questo senso, la cittadinanza che si palesa nell'organizzazione e nelle prestazioni erogate dal WS diventa importante in sé, per la sua capacità di costruire effettivamente il pensiero e la percezione attorno all'idea di cittadinanza, e lo diventa quanto e più di altre dimensioni. Secondo Saraceno (2013, p. 35), infatti, «i modelli di cittadinanza differiscono maggiormente, e con conseguenze più rilevanti sul piano pratico, a motivo dei sistemi di welfare che non a motivo dei sistemi elettorali, o dei modelli parlamentari e di *governance*. [...] Le modalità concrete con cui si realizzano i singoli welfare state e il contenuto specifico dei diritti sociali che garantiscono, non solo danno forma a modelli di solidarietà – tra individui, famiglie, gruppi sociali – differenti; costruiscono anche modelli di cittadinanza diversi».

L'organizzazione complessiva del WS, le scelte economico-politiche sottese alla tipologia e alla quantità dei servizi erogati e alle modalità della loro erogazione, tutto ciò non costituisce quindi solo un dato tecnico ma anche fortemente educativo. Uguaglianza nell'accesso e nelle prestazioni, possibilità effettiva di scelta dei luoghi e delle modalità di erogazione, equilibrio tra responsabilità collettive e responsabilità individuali nelle scelte e nei percorsi di accesso e di fruizione, tutto ciò rimanda ad «assunti impliciti o espliciti rispetto a come dovrebbero funzionare le famiglie, alla divisione del lavoro, alla distinzione di responsabilità tra uomini e donne» (Saraceno, 2013, pp. 48-9). Tant'è che in alcune concezioni di welfare «il cittadino ideale di riferimento» era «un lavoratore maschio adulto con la nazionalità del Paese in cui risiedeva» e ciò significava, tra l'altro, che «una larga porzione di donne e tutti i minori non lavoratori erano esclusi dall'accesso alla cittadinanza» (ivi, p. 17). Infatti, «i regimi di welfare, nelle risorse che provvedono, nel modo in cui le provvedono, e anche in ciò che viceversa non provvedono, possono, infatti, dare per scontato, o incentivare, modelli di famiglia, di rapporti uomo donna e di generazione diversi». Saraceno prosegue sottolineando che esistono regimi di welfare «basati sulla figura del maschio capofamiglia principale procacciatore di reddito» e «sulla donna con responsabilità familiari addetta alla cura», regimi che invece «promuovono modelli di famiglia basata su due lavoratori con responsabilità di cura più o meno condivise» (ivi, p. 33), e anche regimi intermedi con numerose varianti.

I regimi di welfare, «intervenendo o meno sulle condizioni in cui si attua la divisione tra lavoro pagato e non pagato tra uomini e donne nella famiglia e del lavoro di cura tra famiglia e società, accentuando l'individualizzazione dei diritti e delle responsabilità o dando per scontata la solidarietà familiare [...] contribuiscono anche a strutturare diversamente le diseguaglianze di genere entro la famiglia e in società e l'attribuzione di responsabilità private e viceversa pubbliche nel rapporto tra generazioni. Di conseguenza, strutturano diversamente le dipendenze e le interdipendenze entro la famiglia, tra i sessi e tra le generazioni, quindi il grado di autonomia, rispetto alla famiglia nel far fronte ai propri bisogni, riconosciuto ai singoli tramite le politiche pubbliche» (Saraceno, 2013, pp. 35-6). In questo senso, concordando con l'analisi di Saraceno, nell'organizzazione del WS vi è una scelta-proposta non neutrale rispetto ai modi di essere donne e uomini, figli e genitori, occupati, disoccupati, sani e malati, e di questo si dovrebbe essere tenere conto nell'analizzare i percorsi di formazione informali ai ruoli connessi con le appartenenze di genere, ai rapporti tra le generazioni, alle pratiche del lavoro e del non lavoro e alle politiche curative e preventive.

Le dimensioni educative del WS non sono rintracciabili esclusivamente nei modelli e nelle pratiche di cittadinanza proposti in connessione con le appartenenze di genere e con i processi di definizione delle appartenenze, lo sono anche in relazione alle modalità di trasferimento di beni e servizi, così come sono quotidianamente indicate e/o praticate alle/dalle persone che si accostano alle prestazioni. Operare attraverso l'erogazione diretta di servizi da parte di operatori pubblici non è lo stesso dell'invitare le persone a frequentare il mercato dell'offerta di servizi, anche accreditati, per acquistare prestazioni mediante, per esempio, forme di "buoni spesa". Trasferire servizi piuttosto che reddito e, nel secondo caso, trasferirlo vincolandolo all'acquisto di determinate prestazioni, non è la stessa cosa. Il caso dei voucher, cioè la diffusione dei titoli di acquisto di prestazioni, è in questo senso emblematico per le questioni di squisita natura pedagogica che esso pone, e per essere uno dei casi esemplari di privatizzazione mascherata di alcune importanti prestazioni riguardanti le condizioni critiche dell'esistenza. Inoltre, il sistema voucher è educativo anche in relazione ai nessi tra autodirezione ed eterodirezione nella scelta delle prestazioni, cioè rispetto al possedere o meno il sufficiente grado di autonomia necessario per effettuare nel mercato delle offerte di prestazioni sanitarie, assistenziali, educative, una scelta effettivamente rispondente alla quantità e alla qualità dei propri bisogni. La voucherizzazione comporta la necessità di predisporre un (micro) ambiente formativo in grado di fornire a colui che si colloca sul piano della domanda la competenza atta a destreggiarsi rispetto ai soggetti che operano sul versante dell'offerta, e questo anche perché nel nuovo mercato vi sono «asimmetrie informative» (ivi, p. 47) che produce anche quella di potere nella contrattazione tra un soggetto in condizioni di bisogno e un altro che dovrebbe fornire sostegno, a meno che non si ritenga che su tale mercato agiscano soggetti astratti dallo stesso potere e dalla medesima capacità di determinarne l'andamento della contrattazione. La cittadinanza diventa nella pratica del WS qualcosa di molto terreno e quantificabile, sia sul piano delle azioni in entrata (i servizi ricevuti) sia su quello dei doveri (la redistribuzione del reddito funzionale a fornire le risorse funzionali per il funzionamento del WS).

La crisi del WS ha dunque contribuito anch'essa a porre, con le peculiarità che la contraddistinguono, la questione della riformulazione della cittadinanza, oltretutto l'ha posta in una fase storica nella quale sono venuti meno modelli di cittadinanza propri della tradizione otto e novecentesca. La cittadinanza così come è stata progressivamente pensata e, solo in parte, costruita anche attraverso le politiche di WS della seconda metà del Novecento si è esaurita e ha lasciato un vuoto che tende a essere occupato da una *non cittadinanza*, intesa come esaurimento progressivo della ricerca di equilibrio tra i diritti e i doveri, piuttosto che da un'idea di cittadinanza liberista, che si definisce e costruisce a seguito della propria capacità "imprenditoriale".

2.1.4. IL WELFARE PER UN AMICHEVOLE CONSENSO

Il WS, oltre a quanto è stato precedentemente accennato rispetto alla ricaduta educativa delle sue diverse concezioni e configurazioni, può essere considerato un progetto (educativo) finalizzato alla creazione di consenso (educazione al consenso) nei confronti dei valori, delle istituzioni e delle politiche proprie di un determinato assetto sociale (educazione alla società esistente). Il WS è stato uno degli organizzatori, insieme, per esempio, ai contratti collettivi nazionali di lavoro, del conflitto tra capitale e lavoro, ed è stato pensato funzionale anche a ridurre l'adesione a posizioni politiche antagoniste rispetto all'ordine economico e sociale esistente, ha prospettato una sorta di terza via tra capitalismo e socialismo (si pensi al prestigio di cui ha goduto quello svedese), è stato, in alcuni contesti, un sistema di garanzie ricevute in cambio della limitazioni delle libertà politiche[4]. Scrive Ulrich Beck, nel 1994, a proposito della vita nella allora già dissolta Repubblica Democratica Tedesca: «Prima era quasi impossibile fare delle scelte, sia nella vita privata che in quella lavorativa, ma la rete di sicurezza minimale del sistema comunista garantiva alloggi, formazione e copertura sanitaria a carico dello stato. [...] Oggi ci si aspetta che le persone prendano

4. «Occorre tuttavia essere consapevoli che una qualche forma di welfare state può svilupparsi senza avere come obiettivo il completamento della cittadinanza, bensì quello del controllo dei gruppi subalterni, se non di tutti i cittadini, cui vengono contestualmente negati fondamentali diritti civili e politici» (Saraceno, 2013, p. 14). Il riferimento è, in particolare, all'esperienza dei paesi del "socialismo realizzato", nei quali il soddisfacimento di alcuni bisogni era associato alla mancanza di altri diritti di cittadinanza.

in mano la propria vita e che paghino il giusto prezzo di mercato per i servizi di cui fruiscono» (Beck, 2000a, p. 4).

Donald Sassoon, lo storico inglese allievo di Hobsbawm, afferma, facendolo dire a Marx nella sua *Intervista immaginaria*, che lo «Stato nazionale, che all'inizio pareva l'oppressione principale dei lavoratori, si sarebbe rivelato, nei cento anni successivi, molto più leale nei loro confronti» (Sassoon, 2014, p. 24). Lo Stato, pur mantenendo il suo ruolo di apparato di garanzia (di potere) a difesa dei diritti (dei privilegi) dell'insieme (di una parte) dei cittadini, in alcune sue espressioni ha mostrato un volto di «persona», il quale si può pensare come «una sorta di amico, con il quale condividere beni e mezzi elementari di cui abbiamo bisogno. Così ogni qualvolta la soluzione di un problema non può essere trovata nel contesto privato della sua vita, ciascuno guarda spontaneamente e fiduciosamente al potere pubblico dello Stato, investito appunto di un mandato che prevede la cura e la difesa dei suoi diritti e interessi» (Terni, 2014, p. 16). Il WS è un fattore sempre evidente, nel caso tanto di presenza quanto di assenza, perché «nelle società occidentali [le strutture e le azioni del welfare] svolgono importanti funzioni nell'organizzazione della vita quotidiana degli individui e dei gruppi. Esse fanno parte dei nostri sistemi socioculturali e ci accorgiamo della loro importanza quando riducono la loro efficacia, il loro funzionamento entra in crisi e non rispondono più ai bisogni per i quali sono nate» (Ferrario, 2014b, p. 404).

Lo Stato del WS, diventando una sorta di "amico" al quale ricorrere in caso di necessità, altera l'equazione che conduce tutta la pratica statale alle funzioni di repressione e controllo. E se dello Stato, in relazione alle risposte ai bisogni individuali e collettivi, si prova una qualche nostalgia, se si ricorda soprattutto il suo volto amichevole, allora vuol dire che la situazione che si prospetta nel presente e nel futuro non è considerabile tra le più tranquillizzanti. Il WS è stato un sistema denso di contraddizioni, di limiti, di e veri e propri buchi neri, ma è stato un sistema, a radicale differenza di quanto si sta predisponendo attualmente, con tratti e aspirazioni universalistiche.

Come si esce dalla crisi del WS? Non ci sono molte alternative: o si abolisce lo Stato (ma non marxianamente in quando apparato al servizio della classe dominante, bensì nel significato formale che aveva assunto negli ultimi decenni, cioè il luogo di mediazione tra interessi differenti, anche conflittuali, in funzione dell'individuazione di un qualche interesse generale sufficientemente compatibile con quelli particolari) affidando il tutto al mercato privato o semiprivato, oppure si torna al welfare.

2.2
L'individualizzazione dei corsi di vita

Il ridimensionamento, se non il vero e proprio svuotamento, del WS si intreccia, determinando un reciproco rafforzamento, con quello ampiamente e da tempo dibattuto e analizzato processo definibile di "individualizzazione dei corsi di vita" nella contemporaneità (Beck, 2000a; 2000b; Giddens, 1995; Sennett, 1999; Bauman, 1999; 2002). Infatti, il WS «oltre a dare forma a specifici modelli di cittadinanza sociale, ha contribuito anche a plasmare e stabilizzare i corsi di vita. Le istituzioni del welfare, infatti, insieme a quelle scolastiche, sono tra i più potenti motori della standardizzazione dei ritmi e delle fasi dei corsi di vita, e nella misura in cui definiscono età normative di ingresso nella formazione e nel passaggio da una fase formativa a un'altra, età minima (e massima) di ingresso e uscita dal mercato del lavoro, durata dei congedi maternità e genitoriali ecc.» (Saraceno, 2013, p. 37).

L'incertezza, l'individualizzazione, la frammentazione, la riformulazione costante dei corsi di vita sono favorite dunque anche da un welfare che non concorre più, o lo fa in termini completamente diversi, a scandire alcuni degli itinerari e delle rappresentazioni personali e collettive dei corsi di vita. Nello stesso tempo, il messaggio educativo attorno alla "autocostruzione" dei corsi di vita spinge a ritenere che, anche nelle situazioni delicate o critiche dell'esistenza (maternità, malattia, disoccupazione o non occupazione), molte delle quali storicamente attribuite al campo di azione del WS, debbano prevalere le soluzioni individuali rispetto a quelle collettive.

È diventato un punto fermo dell'analisi della contemporaneità pensare che le storie di vita si costruiscano attraverso l'intreccio di itinerari professionali, familiari, relazionali, culturali, territoriali sempre più discontinui e imprevedibili. È una flessibilità/precarietà individuale che interagisce con dimensioni economiche, politiche, territoriali altrettanto flessibili/precarie. È noto quanto i soggetti siano ora apparentemente liberi di costruire la loro storia personale attraverso operazioni di bricolage senza punti di riferimento, ancoraggi, certezze, oltre che nel presente, anche nella rielaborazione del passato e nella proiezione nel futuro. Un obbligo a dovere essere liberi e costantemente in movimento, una libertà che può essere l'altro nome dell'abbandono in una situazione storica nella quale è alterato il rapporto tra libertà e sicurezza, e sicurezza e felicità[5]. È un cambiamento, un dinamismo sociale che «non solo trasforma gli stili di vita, ma anche e soprattutto il modo di rapportarsi alle proprie biografie: da percorsi di vita che risultavano in fondo rigidamente predefiniti dalla relativa immobilità data dalle appartenenze ereditate al momento della nascita si passa a una costruzione più consapevole delle proprie traiettorie» (Ghisleni, Rebughini, 2006, p. 65). Beck, d'altro canto, trattando delle trasformazioni della «biografia normale» in biografia «della scelta», «riflessiva», del «fai da te», sottolinea che ciò «non comporta necessariamente né una scelta né un successo»: la biografia del fai da te è una «biografia a rischio», una «biografia funambolica» (Beck, 2000a, p. 6). Questo significa sottolineare sia l'ambivalente assunzione di "autonomia" da parte dei soggetti individuali sia la connessa mancanza di solidi e diffusi modelli collettivi ai quali poter fare riferimento per progettare e valutare il proprio percorso di vita (Tramma, 2005). Collocando lo stimolo di Beck in campo pedagogico si giunge alla conclusione che, nella costruzione progressiva delle esistenze individuali e collettive, il vuoto non può esistere. I modelli e i percorsi di vita (realmente/apparentemente) forti, unitari, costanti e riconoscibili sono stati sostituiti da altri (realmente/apparentemente) più leggeri, mutevoli, frammentati. La questione che si pone è quella dell'effettiva libertà che il soggetto possiede nell'immaginare e realizzare il proprio progetto di vita, vuoi adeguandosi ai (deboli) modelli correnti, vuoi costruendosi in proprio un qualche modello al quale tendere. In questo senso, la contemporaneità post-postmoderna potrebbe essere considerata il luogo-tempo dell'affermazione della – da sempre auspicata – libertà del soggetto rispetto alla costruzione della propria storia di vita, dell'effettivo superamento della "creatura" premoderna condizionata dalle sue appartenenze ascritte, per il trionfo del soggetto e della sua capacità di autodirezione. Ma, solo per il rispetto della quantità minima obbligatoria di onestà intellettuale, non è possibile, come accennato, confondere la libertà con l'abbandono, ritenere che tutti possiedano e possano esercitare pari opportunità o che possano accedere alle stesse opportunità formative, che vi sia un mercato nel quale gli acquirenti degli utensili e dei materiali necessari alla realizzazione del proprio progetto di vita

5. Cfr. il classico Freud (1971, p. 250) quando afferma che «l'uomo civile ha barattato una parte delle sue possibilità di felicità per un po' di sicurezza» e il neoclassico Bauman (1999, p. 70), secondo il quale «gli uomini e le donne postmoderni scambiano una parte delle loro possibilità di sicurezza per un po' di felicità».

abbiano lo stesso peso e la stessa capacità di movimento di coloro che li vendono. Il tutto tenendo presente che l'esito del "fai da te" non dipende solo dalla capacità di mettere insieme i pezzi (le competenze che potrebbero essere acquisite e sviluppate tramite iniziative educative), ma anche dal materiale a disposizione (da quello che passa il convento della vita)[6].

Inoltre, che esiste un fai da te finto, come quello modello Ikea, che molto può illudere qualche patito dell'autoimprenditorialità artigianale. Si potrebbe, cioè, affermare che la contemporaneità ha promesso alle persone di restituire loro una capacità di produzione artigianale di vite "pezzi unici", ma poi quello che ha concretizzato è, appunto, il modello Ikea con le sue scatole, con la sola differenza che non esiste un ipermercato a prezzi contenuti nel quale procurarsi i componenti.

2.2.1. L'AMBIVALENZA DEL CAMBIAMENTO

Tutto ciò determina anche un ripensamento del concetto di cambiamento in educazione. Il cambiamento è stato una delle "casematte" positive dell'educare, un fortilizio posto a difesa della propria identità e del proprio senso, soprattutto quando tale cambiamento, nelle attese progettuali e nei risultati, si è contraddistinto per essere accrescitivo-migliorativo, democratico, associato all'idea di progresso e/o di sviluppo. Un concetto, da sempre considerato cifra distintiva dell'educare intenzionale e consapevole, riguardante tanto gli individui quanto i gruppi e le collettività, dato per positivo in sé, che deve essere però sottoposto a "disincantata" disamina, come altri inossidabili vocaboli e frasi che costituiscono il vocabolario pedagogico: la formazione per tutta la vita, lo sviluppo di comunità, l'educazione permanente ecc.

L'individualizzazione, sia essa conclamata o strisciante, dei corsi di vita comporta, infatti, alcune importanti conseguenze in area pedagogica, ponendo interrogativi che vanno oltre la domanda sul come fornire alle persone gli stimoli per costruirsi la propria storia di vita. In primo luogo, è opportuno porsi l'interrogativo attorno a quanto tale indivi-

6. Una qualsiasi riflessione attorno alla necessità di attivare gli individui nella gestione delle vie d'uscita dalla propria condizione di problematicità, deve tener conto del fatto che «pur riconoscendo l'importanza delle responsabilità individuali, anche nelle società aperte e democratiche le chances di vita sono socialmente strutturate. Il sistema di ricompense per gli sforzi che ciascuno fa è lungi dall'essere neutrale, così come non lo è quello delle punizioni in caso di scelte sbagliate» (Saraceno, 2015, p. 67).

dualizzazione dei corsi di vita possa essere considerata il terreno di coltura e l'applicazione pratica delle promessa di individualità, di sviluppo delle potenzialità personale, del diventare sé stessi, che una certa idea di educazione, più o meno pedagogicamente supportata, ha fatto irreversibilmente propria. In altre parole, la montagna dell'individuo libero, "sé stesso", autonomo ecc. ha partorito il topolino dell'attuale individualizzazione? In secondo luogo, è opportuno chiedersi quanto la produzione di storie di vita "fai da te", insieme alla minore prevedibilità, oltre che delle vita proprie, anche di quelle altrui, abbia ridotto la capacità di immaginare, intercettare e formare soggetti collettivi con caratteristiche distintive sufficientemente attraenti e condivise da poter generare prospettive di pensieri e azioni strutturali e di lungo periodo. Oggi, all'idea di educazione connessa al movimento perenne, al cambiamento permanente, all'acquisizione costante di nuovi saperi, modi di essere e di fare, è opportuno poi valutare la possibilità di affiancare un'educazione connessa con la stabilità e l'appagamento della formazione raggiunta, senza rischiare di sottostare a quel ricatto postpostmoderno per il quale qualsiasi moto oppositivo alla contemporaneità farebbe precipitare nel conservatorismo politico-culturale e anche pedagogico.

2.2.2. L'INDIVIDUALIZZAZIONE E IL SUO OPPOSTO: IO E NOI

L'emancipazione apparente dei soggetti da storie collettive e sociali ha, tra le altre rilevanti implicazioni pedagogico-educative, anche la riformulazione del rapporto tra l'Io e il Noi. Se gli ultimi decenni sono stati quelli dello sgretolamento delle appartenenze solide della tradizione otto e novecentesca, l'ultimo periodo può essere considerato quello nel quale, in apparente e/o reale controtendenza, si assiste a un fiorire o rifiorire di antiche e nuove appartenenze, molte delle quali possono far sorgere dubbi in termini di tenuta e continuità e, osservandole da un punto di vista democratico, far sorgere forti sospetti riguardo ai loro contenuti e alla loro virtuosità. Quello che sembra essere un diffuso e inossidabile imperativo della contemporaneità, cioè la liquidità e l'individualizzazione dei corsi di vita, parrebbe generare il proprio contrario, smentendo parzialmente sé stesso e generando più o meno volute oppure obbligate dimensioni collettive di tali corsi di vita. Accanto al consolidamento dell'individualizzazione dei corsi di vita, si assiste cioè a forme di "collettivizzazione" private, forzate e forzose, nelle quali le individualizzazioni si collocano. Socializzazione, conformazione, individualizzazione, umanizzazione, cioè tutti quegli obiettivi-processi che sono propri delle riflessioni pedagogiche e delle pratiche educative, nella contemporaneità si pongono quindi in termini parzialmente originali. I "Noi" della contemporaneità sono, da una parte, degli stati provvisori, identità individuali/collettive ad andamento sinusoidale, parziali, mutevoli, frammentate, nello stesso tempo sorgono identità forti (etniche, geografiche, religiose, politiche) che generano inquietudine per il loro essere identità date, assegnate dalla nascita, quindi non negoziabili, abbandonabili solo per "tradimento", allontanamento radicale o lungo processo di rielaborazione del concetto di identità ascritta, e tutto ciò si trasforma in una delle principali domande che si impone alla riflessione pedagogica.

La contraddizione apparente tra individualizzazione e "collettivizzazione" si traduce nella continuativa riformulazione del rapporto tra Io e Noi e nella ricerca dei tempi e dei modi della loro conciliazione, della prevalenza dell'uno sull'altro o del difficile tentativo di integrarli. Quando si dice Noi, a che cosa effettivamente ci si riferisce, soprattutto quando la ricerca si colloca nell'arco dei Noi intermedi, che stanno tra quelli a prossimità limitata a un estremo e l'umanità tutta a un altro estremo, o di sue porzioni quantitativamente e simbolicamente significative (nazioni, religioni ecc.)?

2.3 Le nuove fragilità

Nel linguaggio delle scienze e delle politiche sociali ed educative si ha molta più dimestichezza nell'usare termini quale "disagio", "emarginazione", "devianza", "fragilità", "esclusione", rispetto ad altri che tendono a identificare condizioni che potrebbero essere riconducibili a una prosaica "area della normalità", cioè a un insieme di caratteristiche, atteggiamenti, comportamenti, considerati opportuni e appropriati per i soggetti individuali e collettivi in relazione alle loro caratteristiche e appartenenze anagrafiche, di genere, professionali ecc. Tant'è che per indicare una condizione auspicabile (rispetto alla troppo compromettente "normalità") è preferibile riferirsi al termine "benessere", il quale indicherebbe una condizione molto più "soggettiva", sistemica, relativa, multiculturale, risultando così meno implicato e compromesso con un auspicato dover essere "normali" socialmente definito, condiviso, proposto e/o imposto.

Si attuano interventi educativi, sociali, sanitari che aspirano a ridurre devianza, marginalità, malessere, fragilità ecc. e a promuovere il relativistico e incerto benessere, non certo la valutata e valutativa normalità.

Senza indagare ulteriormente il perché di tale scarso utilizzo (nella gran parte delle volte giustificato) nei discorsi che riguardano il sociale delle parole riconducibili al sostantivo e all'aggettivo in questione[7], è opportuno sottolineare quanto tutto ciò sia in parte dovuto all'intenzione di evitare la trappola normativa della normalità, e in parte a una sorta di rimozione, nei confronti delle esistenze che al malessere in atto o in potenza non sono riconducibili.

In sintesi, le vite dei soggetti che giungono alle politiche socio-educative possono essere classificabili in molti modi, anche in relazione alle dinamiche e ai nessi tra le condizioni di benessere e quelle di malessere. A un estremo ci sono vite caratterizzate da condizioni di, anche forte, problematicità, all'estremo opposto vite "felici" che saranno coinvolte solo da attività educative "normali" (la scuola *in primis*) o a carattere promozionale; nell'arco compreso tra queste due posizioni estreme, vi sono però altre vite nelle quali si rintracciano problematicità che trovano difficoltà a palesarsi o, quando lo fanno, non superano quella soglia necessaria ad attivare interventi, poiché ritenute vite non sufficientemente problematiche o perché non vi sono risorse per intervenire nei loro confronti.

2.3.1. LA ZONA GRIGIA

Le storie collocate nella terra di mezzo rischiano un duplice disconoscimento: non sono sufficientemente "felici", cioè caratterizzate da una condizione di minimo benessere indispensabile e in quanto tale percepito dai soggetti che le vivono, nello stesso tempo non sono sufficientemente infelici, cioè caratterizzate da una quantità-qualità di malessere tale da essere visibili e intercettabili dai servizi e dalle intenzioni educative preventive o riabilitative. La condizione intermedia tra benessere sufficientemente conclamato e malessere altrettanto sufficientemente conclamato è la condizione di coloro che sono portatori di disagio (dire

7. "Normalità" e "normale" hanno un uso più disinvolto in politica, dove non è inconsueto incontrare l'espressione "paese normale" (scelta da un ex presidente del Consiglio per intitolare un suo libro), utilizzata il più delle volte intendendo "paese funzionante".

sofferenza potrebbe, in alcuni casi, essere eccessivo) economico, sociale, fisico, psichico, relazionale, che non oltrepassa alcune soglie di (teorico) accesso ai servizi. Una condizione caratterizzata quindi da tratti che, se non collocano i soggetti ai margini dello scenario sociale, non li collocano neppure al centro: potrebbero essere definiti portatori di un disagio socialmente compatibile e, per molti aspetti, risultano essere degli effettivi invisibili, anzi i veri invisibili. Queste storie che stazionano in una zona grigia dovrebbero ricevere attenzione maggiore da parte delle politiche e dei servizi educativi, quanto meno dovrebbero ricevere il riconoscimento del loro esserci e del loro essere condizione economica, sociale ed esistenziale presente e distinguibile, anche se da tale riconoscimento non sempre conseguirebbero delle effettive politiche e azioni.

È possibile ora domandarsi quali sono le derivazioni pedagogiche-educative delle nuove fragilità e quali interventi educativi potrebbero esservi indirizzati da politiche attente alla condizioni di vita di questa sorta di ceto medio, di zona cuscinetto tra il malessere e il benessere. Innanzitutto, una considerazione preventiva sul termine "fragilità" e sul suo utilizzo.

Nel campo delle politiche sociali ed educative si è sviluppata una neolingua nella quale sono compresi termini che hanno un successo immediato e ampio: fragilità è, per l'appunto, uno tra questi. Affrontare il tema della fragilità comporta quindi dichiarare che cosa può essere inteso oggi con questo termine e come i soggetti portatori di, o caratterizzati da, fragilità si inseriscano in una categoria di significato originale, distinta da altre, a meno che tale termine non sia il nuovo e ingentilito nome – politicamente più corretto e meno compromettente in termini di dovere di intervento – del disagio, della devianza, dell'emarginazione, cioè di definizioni caratterizzate da maggiore "durezza" descrittiva e comunicativa. Se non si tratta di un nuovo nome per vecchie condizioni, allora la parola in questione dovrebbe indicare un'attenzione specifica rivolta a condizioni di vita ed esistenze che si collocano tra l'emarginazione grave e le condizioni di normalità "conclamata", paragonando il tutto a dei soprammobili non infrangibili e che quindi, pur essendo sostanzialmente interi, in una situazione di sciame sismico sono a rischio di caduta e rottura, soprattutto se già incrinati. Esiste, dunque, una specifica area di condizioni di vita e dimensioni dell'esistenza che non superano alcune soglie di malessere individuale e collettivo e che, nello stesso tempo, non si pongono all'interno di percorsi di vita che possono fare a meno di azioni di sostegno, anche se, è necessario sottolinearlo, il rischio dello scivolamento dalla fragilità al disagio conclamato è sempre presente, a causa dell'indebolirsi di alcuni sistemi di protezione pubblici e dell'avvenuto ridimensionamento di alcuni fattori di stabilità e solidità dei corsi di vita, quali, per esempio, il lavoro e le forme di rappresentanza collettiva di interessi legittimi.

Le posizioni che stazionano nella zona grigia tra un sufficiente benessere e un conclamato malessere non possiedono però il fascino del grande marginale (per esempio il senza dimora) o dal portatore di una vita sbagliata (come il detenuto, possibilmente di successo mediatico), figure rispetto alle quali possono essere pensate – fermo restando la reale praticabilità – strategie e formule operative di reinserimento sociale, mentre potrebbe risultare più complicato orientarsi con i consueti criteri e metodi verso la fragilità.

Quali sono le cause intermedie che contribuiscono a generare le condizioni di vita collocate nella zona grigia? Alcune possono essere individuate: la ricaduta, a livello dei territori praticati, del difficile rapporto tra globale e locale, gli effetti contraddittori dei sempre nuovi processi migratori, la precarietà professionale, l'insicurezza diffusa, l'affidarsi al consumo praticato o desiderato per tentare di acquisire pezzi di identità. Quali le condizioni dell'esistenza che possono essere considerate fragilità, nell'accezione prima indicata? Innanzitutto è necessario tenere presenti quelle esperienze di debolezza economica, sociale, culturale, relazionale che, oltre ovviamente a costituire un problema per coloro che le vivono, possono contribuire a trasformare (formare), tramite un'educazione diffusa e quotidiana, soggetti fragili in soggetti "portatori di timori" se non di vere e proprie paure collettive. Sono condizioni di vita che possono generare forme d'intolleranza che si organizzano in chiusure locali, soprattutto territoriali, e corporative volte a difendere interessi particolari; addirittura possono produrre inquietanti forme di vera e propria ricerca di identità, radici e tradizioni rassicuranti e contrappositive ai moti e ai soggetti del presente. La ricerca di "sicurezza" corporativa e non universalistica è stata ed è al centro del dibattito politico e civile di questi anni, ed è ad andamento sinusoidale, oscillante come intensità e cangiante come configurazione. La ricerca di sicurezza è stata la risultante di processi educativi e, nello stesso tempo, attivatrice di processi educativi nei quali paura e intolleranza si sono mixati diversamente dando luogo, con grande tempismo e capacità di cambiamento, a forme sempre nuove. Rispetto a ciò, non deve generare troppe illusioni il temporaneo ridimensionamento e l'apparente contenimento di quei movimenti politico-culturali che sono stati in grado di raccogliere paura e domanda di sicurezza, di razionalizzarle e di restituirle come progetto e programma politico culturale (Barenghi, Bonazzi, 2012). Non deve far nascere troppe illusioni per alcuni correlati motivi: in primo luogo per la capacità da parte di tali movimenti e posizioni culturali di collocarsi su altri piani contenutistici e di posizioni politiche diversi da quelli originari, come per esempio il "lepenismo" con forti venature fasciste, che ha parzialmente sostituito il "leghismo"; in secondo luogo i contenuti di cui sono stati e sono portatori alcuni movimenti e organizzazioni vanno oltre il piano strettamente politico per approdare a quello degli atteggiamenti e dei comportamenti diffusi (apprendimento di atteggiamenti e comportamenti), contribuendo a far entrare nel lessico, e quindi nell'ermeneutica del mondo, non solo di quello politico, categorie e modalità interpretative prima represse poiché considerate pensabili ma non dicibili[8]. È stato uno "sdoganamento" di parole, atteggiamenti, strumenti conoscitivi e interpretativi che può anche essere reversibile per quanto riguarda i contenuti specifici, ma che è irreversibile per quanto riguarda le modalità di analisi e di comunicazione culturale e politica, come il caso limite del razzismo che, per come recita lo slogan di una delle principali catene di librerie italiane, è una brutta storia ma, è necessario aggiungere, è pur sempre una storia da considerare come possibile, narrabile e ascoltabile. "Razzismo" è una parola da usare certo con cautela, da non confondere con "intolleranza", "senso di superiorità", "disprezzo della diversità", ma di queste può rappresentare un salto di qualità. È una parola, uno stato d'animo, un'organizzazione cognitiva che dà forma ed espressione a sentimenti, convinzioni, ragioni da sempre provate e non sempre espresse in modo chiaro e netto. Si scopre che tutto ciò che si è provato/utilizzato sino a quel momento ha un nome che può essere pronunciato, che costituisce il fattore che, in alcune circostanze, può essere mobilitato sino a diventare un Noi tanto allucinatorio quanto autolegittimato.

Alle categorie analitiche quotidiane e informali del Novecento se

8. Si veda l'episodio paradigmatico dei continuativi e intenzionali insulti da parte di esponenti della Lega a Cécile Kyenge, ministro del governo Letta, donna e nera. A tale proposito Roberto Saviano, definendo l'episodio «un'azione di guerriglia posta in essere da un esercito in fuga», scrive: «I leghisti, dopo aver dilapidato nella corruzione e nel nepotismo il capitale politico accumulato negli anni, hanno deciso di ricostruire il loro elettorato parlando agli sconsiderati [...] l'obiettivo della Lega è agglomerare i razzisti, quella parte del suo elettorato delusa, ma su questo tema ancora disposta a sentirsi chiamata all'azione» (Saviano, 2013, p. 7).

ne sono sostituite altre che hanno saldato il linguaggio quotidiano e informale con quello formale e politico, mettendo in crisi quello tecnico più volte denunciato come "politichese". Tutto ciò va inquadrato in un lungo periodo di peggioramento delle condizioni *materiali* di vita, cioè in un processo che classicamente, in assenza di quadri culturali e politici in grado di garantire una tenuta democratica o di indicare delle credibili prospettive di superamento, può essere interessato da derive poliedriche, con differenti dosaggi di populismo, autoritarismo e anche razzismo nelle sue molteplici varianti. Storicamente sono già esistite condizioni di malessere che hanno contribuito a produrre politiche dure, contenitive, se non del tutto repressive, nei confronti di nemici locali e globali. Sono malesseri che si sono materializzati in soggettività imbarazzanti ma non imbarazzate, poco affascinanti, alcune volte del tutto inquietanti. Questo tipo di processi chiama in causa le *pedagogie democratiche*, invitandole ancor di più a quello che è sempre stato considerato uno dei compiti principali della "buona educazione", cioè favorire l'acquisizione di strumenti interpretativi e descrittivi per decodificare e ricodificare ciò che accade: in assenza di ciò, la possibilità dello spostamento di soggetti presenti nella zona grigia verso le "zone nere" è un rischio costantemente presente, motivato, anche, ovviamente non solo, da mancanza, o da insufficiente possesso, di alfabeti di vario tipo che consentano di capire meglio i cambiamenti connessi con gli sviluppi della tecnica, i processi migratori, le trasformazioni territoriali, i cambiamenti degli assetti professionali e familiari.

Le aree di "problematicità sociale compatibile" alle quali prima si è fatto cenno non riguardano solo aspetti direttamente economici da una parte e relazionali dall'altra, ma anche la capacità di leggere i fenomeni sociali attuali, riguardano cioè il possedere o meno strumenti per fare il punto del proprio percorso di vita in relazione al contesto e al tempo sociale nel quale si è inseriti, a partire dalla capacità di individuare e analizzare criticamente i modelli di vita proposti, molto deboli e multipli per un verso – che necessitano quindi di pensiero addensante e sintetico –, molto unici e forti per l'altro – che necessitano di pensiero scompositivo e analitico. E questa, come appare immediatamente evidente, è una questione squisitamente pedagogica.

Tutte queste aree di fragilità diffuse, che non rientrano, o rientrano a stento, nelle differenti politiche di prevenzione e riabilitazione delle politiche socioeducative (Rossetti, 2009) o nelle politiche di *life-long learning*, dovrebbero essere uno dei compiti della riflessione pedagogica attenta alle dimensioni problematiche connesse alle vite dei soggetti individuali e collettivi, in funzione del come e dove disseminare, direttamente o indirettamente, elementi di comprensione critica rispetto alle dinamiche del presente. Progetti educativi che siano in grado di intercettare gli invisibili, che in questo caso non sono fortemente marginali, bensì non sufficientemente marginali, che non presentano quindi difficoltà tali da incontrare intenzionalità educative "speciali", che non possono acquisire autonomamente competenze di analisi critica, ma che, nello stesso tempo, non incontrano intenzioni educative compensative. In sintesi, si potrebbe dire che è necessario evitare il rischio, da parte della pedagogia democratica, del ritiro in uno dei molteplici Aventini pedagogici a disposizione (in questo caso quello dove esiste solo l'attenzione per gli ultimi e non per i penultimi e terzultimi), con tutte le conseguenze che tale ritiro comporterebbe in termini di impoverimento di strumenti e di semplificazione dello sguardo sul mondo da parte dei soggetti "quasi normali", quelli appunto che non sono abbastanza emarginati da risultare urgenze evidenti e attraenti.

2.3.2. LE DISUGUAGLIANZE

Un qualsivoglia sguardo attento a rilevare la complessità delle criticità associate all'esistenza della zona grigia tra malessere e benessere non può esimersi dal confrontarsi anche con la questione delle disuguaglianze, poiché si tratta di uno dei punti di interesse consolidati, anzi identitari, della tradizione pedagogica sociale e democratica. È un tema non eludibile, che rimanda alle idee di società auspicabili e possibili, ed è un tema che ancora oggi, come opportunamente sottolineato ai tempi da Norberto Bobbio riguardo alla permanenza di distinzioni quali quelle tra destra e sinistra, che chiama in causa la «contrapposizione fra visione orizzontale o egualitaria della società, e visione verticale o inegualitaria» (Bobbio, 1994, p. 69).

È impossibile ignorare una tale questione per molteplici motivi, ma soprattutto perché i nessi tra uguaglianza e disuguaglianza, individualizzazione e conformazione, unicità e omologazione, così come i temi delle pari opportunità e delle discriminazioni positive, costituiscono un irrisolto (non risolvibile) della pedagogia e di qualsiasi altro discorso che si interroghi sulla possibilità e sulle direzioni di trasformazione e/o di conservazione dell'esistente sociale, collettivo, individuale. Attualmente, il tema della uguaglianza/disuguaglianza si pone in termini del tutto nuovi a seguito della crisi generalizzata delle posizioni politico-culturali che all'idea, pur ampiamente diversificata, di uguaglianza facevano riferimento. Le disuguaglianze si accentuano (Revelli, 2014a) e nello stesso tempo si riducono la lunghezza e la profondità del pensiero attorno a esse, e ciò pare essere uno dei "successi" più significativi delle politiche apertamente o celatamente neoliberiste. Infatti, come scrive Stefano Rodotà, siamo al cospetto di una «società della disuguaglianza, dove distanze abissali dividono le persone», una disuguaglianza che «scompone, va oltre la dimensione economica, si alimenta con le tensioni legate alla razza, con le politiche del disgusto per il "diverso", con le diseguaglianze digitali» (Rodotà, 2013, p. 34). Quasi a diventare, si potrebbe aggiungere, un fattore costitutivo delle società dato per stabile e inalterabile, vuoi per *opportunità* – la disuguaglianza come motore e risultato della competizione virtuosa – vuoi per *rassegnazione* – la disuguaglianza come elemento ineliminabile dell'esistenza, in ogni tempo e a ogni latitudine.

La disuguaglianza/uguaglianza non è questione tecnica affrontabile con qualche aggiustamento nelle politiche di redistribuzione del reddito o nelle metodologie di intervento, bensì è questione cruciale, poiché rimanda ai valori primari di una qualsiasi società, a qualsiasi livello e conformazione del proprio sviluppo. L'uguaglianza (dal Settecento in avanti), da quando la *Dichiarazione dei diritti dell'uomo e del cittadino* (1789) faceva dell'uguaglianza un principio fondativo dell'ordine giuridico, non resta solo «una promessa, ma un compito al quale lo stato non può sottrarsi» (*ibid.*). È cioè una questione "strutturale": non può essere ridotta a un qualche vago riferimento alla predisposizione delle pari opportunità di partenza per tutti i soggetti, ma deve tenere conto anche degli andamenti e delle caratteristiche dei processi con i quali si costruiscono le storie individuali e collettive, così come deve invitare e interrogarsi rispetto alle politiche correttive, da quelle riguardanti i (veri) trasferimenti di risorse a quelle che sono state definite le "discriminazioni positive".

A partire dalla (borghese) *Dichiarazione* del 1789[9], le politiche per favorire l'uguaglianza sono sempre state intese come correttivo all'attribuzione della sorte sociale destinata dalla nascita. Anche se spesso tali

9. Nell'art. 1 della *Dichiarazione* si legge: «Gli uomini nascono e rimangono liberi e uguali nei diritti. Le distinzioni sociali non possono essere fondate che sull'utilità comune».

politiche sono state e sono dichiarazioni formali, esse hanno però avuto il pregio di invitare a fare i conti con la loro effettiva attuazione. È stato un concetto tanto forte quanto denso di contraddizioni e problematicità in tutte quelle culture politiche che ne hanno fatto un loro elemento costitutivo connotante, e questo anche perché l'uguaglianza è questione complessa e generatrice di sofferenze teoriche, mentre la disuguaglianza si prospetta in modo più semplice in quanto connaturata al mercato come «legge naturale indifferente all'universalismo» (Rodotà, 2013, p. 34). Nella contemporaneità, infatti, l'uguaglianza, da valore positivo, seppure inattuato o inattuabile, sembra essere diventato in molti ambiti un valore negativo, quasi sinonimo di, a secondo dei punti di vista, illiberismo, livellamento al basso, assistenzialismo, negazione del talento o del merito, depauperamento diffuso. Sempre Rodotà (*ibid.*): «È all'opera una sorta di contromodernità che contagia un numero crescente di paesi e vuole cancellare l'"invenzione dell'uguaglianza"». È la prevalenza del *vive la différence* del mercato, nel quale tanto più è dichiarata l'uguaglianza formale dei soggetti astratti, tanto più è praticata la disuguaglianza reale dei soggetti concreti.

Le disuguaglianze della contemporaneità non si esauriscono nella persistenza, sotto nuove o mentite spoglie, di quelle tradizionali: ne emergono di nuove, che intersecano quelle tradizionali in un gioco di potenziamento reciproco. Per esempio, una nuova forma di disuguaglianza, secondo Marco Revelli, «si potrebbe definire quasi "antropologica", poiché distingue non tra due ordini di status, ma due differenti "tipi umani"». Infatti, quella che si è venuta a determinare non è solo la frattura incentrata dalla «contrapposizione "capitale/lavoro" ma quella tra mobili e vincolati, "gestori dei flussi" e "abitanti dei luoghi", alto (ciberspazio) e basso (territorio): tra nuovi signori – che possono godere della transustanziazione da cittadino a cibernauta – e i nuovi "servi della gleba", inchiodati alla terra e alla pesantezza del luogo». Quello che emerge, prosegue Revelli (2014b, p. 47), è l'emersione di «due categorie abissalmente diverse tra loro, pur vivendo spesso gomito a gomito, per reddito, status, grado di libertà, ma anche per ordinamenti normativi, i vincoli e le franchigie, l'autorità cui sono sottoposti o, ancora, per il sistema di valori condiviso, per lo stesso linguaggio parlato, per il sistema di relazioni e di fedeltà in cui sono inserite»[10].

10. Sulle questioni delle vecchie e nuove disuguaglianze cfr. anche Magatti, De Benedettis (2006); Magatti (2007).

La constatazione del consolidamento e dell'accentuazione delle disuguaglianze cambia il quadro di riferimento per l'insieme, o per una parte considerevole, delle politiche educative e delle riflessioni pedagogiche. Anche perché la disuguaglianza (così come l'uguaglianza) vede l'educazione come protagonista in tutte quelle pratiche che tendono a ridurla, stabilizzarla o aumentarla: è l'educare che fa sì che la disuguaglianza sia ritenuta giusta, spingendo ad accettarla, subirla o farla subire, oppure, all'opposto, fa sì che sia ritenuta ingiusta, spingendo a rifiutarla, a farla rifiutare come possibile idea e pratica regolativa delle relazioni tra soggetti. All'interno della pedagogia vi sono state correnti ed esperienze nelle quali l'attenzione alla promozione di uguaglianza e di pari opportunità, quanto meno come obiettivo realisticamente perseguibile di riduzione della disuguaglianza, è stata importante e caratterizzante, contribuendo a dare luogo, in particolare nella seconda metà del Novecento, oltre che a teorizzazioni di contenuto e di metodo, anche a importanti cambiamenti istituzionali e non. È stata, questa, un'attenzione pedagogica alla riduzione della disuguaglianza che ha contribuito a produrre radicali riforme degli apparati formativi formali (scuola media unica, liberalizzazione degli accessi all'università, 150 ore ecc.) al fine di tentare di ridurre alcune delle disuguaglianze riscontrabili nelle storie di formazione dei soggetti individuali e collettivi.

Merita un accenno la riformulazione del concetto di uguaglianza/disuguaglianza anche in termini di merito e, dello spesso dimenticato, demerito. Infatti, "merito", "successo", "premialità", "solidarietà asimmetrica" sono diventati termini e concetti orientatori diffusi in qualsiasi ragionamento, anche in quelli riguardanti l'educare e le organizzazioni formali che li renderebbero possibili, con particolare riferimento a quella "meritocrazia", intesa quale disuguaglianza virtuosa, che sembra essere diventata la bussola per qualsiasi aspetto dell'educare.

2.3.3. I VECCHI TERRITORI

Il contenuto della riflessione sull'esistenza di una zona grigia tra benessere e malessere, di una fragilità interessata anche da processi riguardanti l'uguaglianza e la disuguaglianza vale altresì per i territori praticati dalle persone, intesi come luogo d'incontro e interazione tra globale e locale. Il riferimento è al disagio dei territori, e non solo quelli dove sono presenti forti problematicità e/o forme di criminalità organizzata, e che hanno acquisito il "diritto" a entrare nel novero delle marginalità conclamate e riconosciute, anche se ovviamente tale diritto non si trasforma automaticamente in presenza di sufficienti politiche, interventi e operatori. Il riferimento è invece soprattutto a quei territori che si collocano in una posizione intermedia tra benessere e malessere, in particolare quelli caratterizzati da desertificazione relazionale, dove non esistono sufficienti reti, o iniziative intenzionali di socialità, che consentano l'attivarsi e lo stabilizzarsi di significative relazioni tra le persone: i territori tipici della urbanizzazione contemporanea. Incrociando questo dato con il progressivo invecchiamento della popolazione, emerge un quadro nel quale i rischi di fragilità delle persone anziane e quelli di desertificazione relazionale tendono a rafforzarsi sinergicamente in assenza di politiche specifiche e locali intenzionalmente tese a creare forme di aggregazione.

L'invecchiamento della popolazione, considerato come condizione sociale ed esistenziale di fragilità, non può limitarsi però all'intreccio con la desertificazione relazionale: la vecchiaia rappresenta esemplarmente il tema delle nuove fragilità e del loro collocarsi nell'area grigia, non è caratterizzata *in sé* da precarie condizioni economiche, di salute, di autonomia, ma è a rischio di multiformi e differenziati livelli di problematicità economiche, di salute, di autonomia. Può essere caratterizzata da normale benessere, da malessere conclamato, e anche da uno stato intermedio tra normalità e criticità. Il riferimento è soprattutto a quel malessere dovuto, oltre che a carenza relazionale, alla difficoltà nel definire e realizzare un progetto di vita sufficientemente soddisfacente nella nuova condizione anagrafica, postprofessionale e familiare che le persone si trovano ad affrontare. Una condizione anziana intermedia, che rappresenta una sorta di terra di mezzo, nei confronti della quale non si è mai sviluppata una sufficiente attenzione e che oggi, stante le restrizioni imposte agli interventi sociali ed educativi, rischia di essere esclusa del tutto da attenzioni pubbliche, poiché non sufficientemente problematica, o da attenzioni private, poiché non sufficientemente redditizia.

L'invecchiamento della popolazione è in realtà un processo sociale che ha degli importanti risvolti educativi, e obbliga la pedagogia tutta, e l'educazione degli adulti in particolare, a rivolgere attenzione teorica e operativa in direzione di una fase della vita molto frequentata da educazione diffusa e informale e ancora troppo poco da educazione intenzionale. L'invecchiamento oscilla dall'essere considerato un periodo di vita auspicabilmente raggiungibile dai più e una risorsa per la popolazione tutta (gli anziani come produttori di azioni di volontariato), e l'essere considerato un problema, anzi il problema sociale per eccellenza, allorché richiede ingenti risorse previdenziali e sanitarie di lungo periodo.

Ma accennare alla condizione anziana significa immediatamente riferirsi a un'altra area di fragilità, strettamente legata alla precedente e riguardante la più ampia condizione adulta. Tale condizione coincide sempre di più con un periodo della vita nel quale sono progressivamente più estesi e obbligati i compiti di cura. Non si tratta in questo caso della cura garbata e immateriale del "prendersi cura dell'altro", bensì della cura concreta e quotidiana rappresentata dal farsi carico (in gran parte da soli) degli ascendenti, oltre che dei discendenti, e nel quale si gioca una buona parte di quella smarrita/ritrovata "responsabilità adulta" (Cornacchia, Madriz, 2014). Anche in questo caso una condizione di fragilità diffusa, quotidiana, appartenente alle storie di gran parte degli adulti, sebbene sia, per alcuni aspetti, non palese e pubblicamente esibibile, tanto da non essere considerata una vera e propria emergenza sociale. Al contrario, tende a essere vista come un serbatoio di risorse per fronteggiare la crisi del welfare, se non addirittura il modo di manifestarsi e realizzarsi di una certa idea di famiglia che si concretizza nel prendersi cura di sé stessa e dei propri componenti.

2.4 Il malessere aggressivo

2.4.1. VIOLENZA ED EDUCAZIONE

Al malessere "silente" della zona grigia e delle nuove fragilità corrisponde, all'opposto, il malessere aggressivo "disorganizzato", cioè quella violenza sociale che può essere intesa come forma di violenza "gruppale", "collettiva", «che si può verificare anche a un livello sociale molto diffuso senza intenti strumentali di ampio raggio, ma al contrario mirati al contesto di appartenenza o a scopi di tipo lucrativo» (Rebughini, 2004, p. 38). Tale fenomeno va dalle rivolte delle *banlieue* ad alcuni comportamenti delle tifoserie, e a tutte quelle forme di violenza «solitamente ritenute una violenza "senza oggetto", ovvero priva di un suo fine razionale, come avviene invece nel caso degli atti violenti a scopo di rapina o di lucro» (ivi, p. 39). Ma all'interno di questo quadro può rientrare anche la sommatoria di episodi individuali, come nel caso di violenza nei confronti delle donne e di femminicidio (seppure questa possa apparire dotata di una sua perversa "razionalità"), solo recentemente considerato fenomeno che va oltre le storie individuali per trovare motivazioni ed espressioni in dimensioni culturali e collettive (Lipperini, Murgia, 2013). Ciò comporta che la violenza sociale non è solo quella compiuta collettivamente, ma anche quella costituita da una cornice all'interno della quale si inseriscono e trovano un quadro di senso le violenze individuali[11].

I nessi tra violenza individuale e/o collettiva ed educazione sono molti, anzi si potrebbe dire che la violenza è questione squisitamente educativa, se la sua pratica attiva o passiva è intendibile quale risultato di processi di apprendimento. La violenza, come molti altri fenomeni e climi culturali e sociali (Tramma, 2009a), può essere un *obiettivo* di apprendimento attivo (imparare a esercitare la violenza) e passivo (imparare a subire la violenza) e, nello stesso tempo, uno strumento didattico per conseguire obiettivi educativi come, per esempio, l'obbedienza o l'adesione a qualcosa o a qualcuno. Non è necessario che la mente vada alle grandi imprese dittatoriali o di sterminio per trovare esempi di educazione alla violenza subita o praticata o utilizzata come strumento didattico: la storia dell'educazione intenzionale, non solo di quella formale, è densa di esperienze in cui la violenza è componente didattica importante. La necessità di attenzione pedagogica nei confronti dell'educazione alla violenza, o attraverso la violenza, vale anche nei confronti dell'educare a concepire la violenza quale modalità "patologica", di conseguenza non auspicabile, di soluzione dei problemi e dei conflitti individuali e sociali, piuttosto che concepirla quale componente "fisiologica" ineliminabile di qualsivoglia società e periodo storico. Un certo tipo di educazione ha prospettato e tentato di favorire la formazione di cittadine e cittadini non violenti, tali in assoluto, poiché mai e poi mai i conflitti sono risolvibili con la violenza.

11. Affrontando la questione della violenza anche in termini di apprendimento e metodo, è necessario ribadire – anche se ciò non sarà in questa sede affrontato approfonditamente – che una delle espressioni principali, se non la principale per radicamento e conseguenze, della violenza nelle aree metropolitane è costituita dal controllo di ampi territori, non solo quelli meridionali, da parte della criminalità mafiosa. Quella delle mafie è la violenza tradizionale, conservatrice e, nello stesso tempo, moderna e innovativa che, a differenza di altre forme di violenza, è del tutto razionale, genera apprendimenti estesi e radicati, e possiede didattiche e apparati educativi molto funzionanti (cfr. Schermi, 2010; Tramma, 2012).

Ma vi è stata anche un'educazione alla violenza legittima e relativa tesa alla formazione di cittadini non violenti in condizioni normali, che possono diventare violenti solo in alcuni casi, per esempio nella difesa della "patria", oppure nell'esercizio di funzioni di polizia. In realtà, andando oltre le dichiarazioni di principio, le esperienze di nicchia e gli auspici "utopici", il diffuso educare intenzionale e istituzionale ha prevalentemente aspirato alla formazione di un cittadino sufficientemente intrapsichicamente freudiano e politicamente hobbesiano, dotato cioè di una razionale consapevolezza e autocontrollo tali da delegare la violenza ai corpi specializzati dello Stato, quindi un cittadino tanto (in)consapevole del potenziale di violenza individuale o collettiva di cui è in possesso, quanto conscio della necessità di rimozione di tale potenziale, ovverosia un classico cittadino "ben educato".

L'educazione alla violenza ha prodotto il suo contrario, cioè l'educazione alla non violenza, non solo come possibilità di risoluzione dei conflitti, ma anche come posizione nei confronti della vita, del mondo e dei rapporti sociali. In questo ambito si collocano le iniziative di educazione alla "non violenza", iniziative in purezza, cioè rivolte solo al nesso violenza/non violenza, o componenti interne alla più generale educazione alla cittadinanza (cfr. PAR. 4.1). Sono iniziative rispetto alle quali è necessario esercitare un'azione pedagogicamente critica, che non allerti solo rispetto all'eventuale riduzione di complessità attorno al tema della violenza (magari attraverso la riconduzione del tutto alla coppia antagonistica cattivo = violenza / buono = non violenza), ma che più in generale allerti anche rispetto ai limiti propri di qualsivoglia laboratorio formativo nel quale non si riescono a riprodurre e a controllare le variabili che si incontrano nelle concrete situazioni extralaboratoriali, cioè nella vita. L'educazione alla non violenza presenta un ulteriore elemento di problematicità, quello di non essere un'educazione finalizzata a contrapporsi a istituzioni che teorizzano e praticano, o potrebbero praticare, diffusamente la violenza, per esempio istituzioni illegittime o che producono quantità di oppressione non tollerabili. In realtà, il prospettare la non violenza (in un contesto quale quello italiano e similari) non comporta, oggi, alcun costo reale: nelle condizioni attuali ha perso il suo alone di contrapposizione virtuosa rispetto alla violenza e dalla sua pratica non deriva alcuna penalizzazione, come poteva essere nel caso dell'obiezione di coscienza al servizio militare obbligatorio, o della disobbedienza civile, o nel caso di posizionarsi in modo anomalo rispetto alle culture prevalenti più o meno machiste e belligeranti.

2.4.2. METROPOLI E VIOLENZA

Il luogo-tempo-contesto elettivo nel quale collocare qualsiasi ragionamento attorno alla violenza, tanto nella modernità tradizionale quanto in quella contemporanea, è la città, in particolare quando assume la conformazione della metropoli o della megalopoli.

La città ospita, concentra, potenzia le forme di violenza definibili di *prossimità accentuata*, cioè quelle che si manifestano in ambito familiare e/o domestico, e che colpiscono, in particolare, le donne e i minori[12], quelle che si manifestano come "maltrattamento", più o meno intenzionale, di soggetti portatori di caratteristiche che li rendono deboli, come, per esempio, anziani o disabili; quelle che si manifestano in campo aperto (nelle "strade"), più o meno collettive, diffuse, alle quali sono dati nomi diversi (vandalismo, intolleranza, guerra per bande ecc.); infine quelle violenze alle volte considerate "minori", cioè caratterizzate da motivazioni e obiettivi frammentati e deboli, per quanto siano invece molto forti e solidi, come nel caso dei cosiddetti "ultrà".

Le metropoli sono sempre state associate a violenza diffusa, collettiva oltre che individuale, in una complessa relazione tra violenza realmente definibile tale e in quanto tale quantificabile, e violenza percepita o fantasticata. I quartieri pericolosi (malfamati), le bande giovanili, la criminalità, tanto quella organizzata quanto quella micro, hanno sempre fatto parte dell'immaginario e delle pratiche sociali della città – si veda, per esempio, la rielaborazione cinematografica in *Gangs of New York*[13]. Non è mai esistita una metropoli senza violenza, anzi è violento il processo che porta alla nascita stessa delle città moderna: il processo di urbanizzazione su scala locale, nazionale o globale generato dalle varie fasi di industrializzazione e concentrazione produttiva e residenziale è violento in sé. L'idea di una metropoli senza violenza matura all'interno della costruzione di un passato immaginario verso il quale provare nostalgia, è una costruzione nostalgica che sfocia, nel caso specifico delle metropoli, nell'invenzione di una società premoderna (agricola), o di una città precedente armonica, senza conflitti

12. Il riferimento è all'ovvio accumulo quantitativo della violenza nelle aree urbane, non certo all'esclusività. Violenze di prossimità sono state e sono presenti anche in società non urbane e a carattere agricolo, rivolte anche, se non soprattutto, a donne e minori.

13. *Gangs of New York*, di M. Scorsese, USA-Italia, 2002.

né violenze, immaginario che diventa però un quadro cognitivo con il quale interpretare il presente (Foot, 2001).

2.4.3. LA SOGLIA DI TOLLERANZA E LA CAPACITÀ DI INTERPRETARE LA VIOLENZA

Si potrebbe a ragione affermare che non vi sia mai stata società più sicura, meno violenta e meno tollerante nei confronti della violenza come quella attuale, e ciò riguarda anche alcune forme di violenza (donne, minori) che, pur ancora persistenti in quantità rilevanti, hanno visto un abbassamento della soglia di tolleranza. Per alcuni aspetti, si assiste al divario tra indicatori (cosiddetti) oggettivi, cioè quelli ricavabili dai dati quantitativi disponibili, e quelli (cosiddetti) soggettivi, divario cioè tra la percezione della quantità di violenza esistente in un contesto sociale e le pratiche sociali che tale percezione contribuiscono a generare. Ma la novità non è costituita tanto da tale divario quanto da un mutamento degli strumenti di osservazione e lettura dei fenomeni violenti e della capacità di elaborare orientamenti operativi rispetto al "che fare" nei confronti di tali fenomeni. In primo luogo, è diminuita la capacità di rinvenire un quadro di spiegazione entro cui collocare i fenomeni di violenza, cioè ricostruirne la genesi, descriverli, interpretarli, trovarvi un senso rispetto sia alle motivazioni sia agli obiettivi (a differenza, per esempio, del caso di violenze politiche legate al conflitto tra capitale e lavoro), e questo vale sia per l'osservatore sia per il protagonista (carnefice o vittima) di esperienze di violenza. In secondo luogo, è diminuita la capacità di indicare delle prospettive di azione repressive e/o preventive nei confronti dei motivi e delle manifestazioni della violenza. In terzo luogo, come aspetto particolare del precedente, si evidenzia la ridotta, se non nulla, capacità di immaginare operazioni in grado di sublimare la violenza verso mete più "nobili" e socialmente condivise.

In ultima analisi, tutte queste diminuite capacità si traducono nella difficoltà a collocare in una "narrazione" sensata e comprensibile le storie degli individui e dei gruppi che subiscono o praticano violenza, così come quelle dei servizi e degli interventi, anche di tipo strettamente educativo, che alla violenza si rivolgono o che dalla violenza sono coinvolti. Le città parrebbero essere produttrici e spettatrici di una violenza irrazionale, ma la violenza non è, evidentemente, irrazionale o razionale, in sé, lo è quando non ha, o non sembra avere, bersaglio, quando è apparentemente fuori da ogni logica d'interesse e di utilità, in particolare per coloro che la praticano. Per quanto riguarda le violenze sociali, il modello odierno di tali violenze collettive (apparentemente) irrazionali è rappresentato dalle rivolte nelle periferie, che hanno trovato la loro espressione paradigmatica negli episodi che hanno interessato negli anni passati le *banlieues* francesi e che tali sono diventate anche per la capacità che hanno avuto i media di trasformarle in eventi spettacolari (Lagrance, Oberti, 2006; Melotti, 2007; Lucchini, 2012). La violenza "irrazionale" non sembra essere rivolta contro qualcuno o qualcosa in particolare, ma contro tutto e tutti: lo Stato, il territorio, sé stessi; e anche, come in alcuni episodi, contro dotazioni pubbliche, cioè contro quelle strutture che una retorica un po' datata potrebbe definire di proprietà di tutti. È una violenza che non pone rivendicazioni negoziabili, che non ha programmi e leadership di tipo tradizionale, nella quale non si intravedono vantaggi se non, in alcuni casi, l'appropriazione di oggetti di consumo.

Il vero problema è costituito, a questo proposito, proprio dalla difficoltà a interpretare ciò che accade o potrebbe accadere, a spiegarlo, a trovare un piano comunicativo che sia quello degli scontri tra "rivoltosi" e "forze dell'ordine". Le rivolte modello *banlieue* non sono violenze direttamente ed esplicitamente politiche, non hanno potenziale utopico e neppure strategie rivendicative. È questo l'aspetto realmente problematico, la difficoltà a delineare (ammesso che sia considerabile lecito) una strategia politica, sociale ed educativa di *riconversione* e/o di *sublimazione* della violenza. Quella che sembra essere venuta meno è la prospettiva che i fenomeni violenti, considerati espressione di disagio, possano indirizzarsi verso mete più "nobili" attraverso una certosina opera di sensibilizzazione e di educazione o, diversamente, che possano essere inglobati e istituzionalizzati attraverso pratiche e strategie alla *Arancia meccanica*[14]. E questo è uno degli aspetti più spiazzanti delle violenze sociali, poiché sembra venir meno la possibilità di trasformare i comportamenti devianti in comportamenti ancora violenti ma (per alcuni) virtuosi, razionalmente organizzati e disciplinati, indirizzati verso reali o allucinatorie mete di bene comune. Una possibilità che ha in passato avuto nel carcere l'esperienza limite di rifermento, cioè la speranza di trasformare dei prigionieri comuni (violenti contro le cose o le persone) in politici, attivi sì, ma contro lo Stato. Oggi, in tempi postideologici, si incontrerebbe qualche difficoltà a pensare di trasformare, per così dire, la violenza, soprattutto quella collettiva, in prassi rivoluzionaria o rifor-

14. *Arancia meccanica* (*A Clockwork Orange*), di S. Kubrick, USA-UK, 1971.

matrice, a ricondurla a una qualche idea di progresso, e a trasformarla, quindi, da irrazionale a razionale. Oggi la violenza pare trovarsi in un *cul de sac*: non si trasforma, o la si subisce o la si elimina, prospettiva, nel primo caso, inaccettabile e, nel secondo caso, impossibile.

La frammentazione della violenza, l'incapacità di ricondurla a categorie generali in termini sia di analisi del problema sia di percorsi di soluzione, insieme al non riuscire a coglierne induttivamente qualità generali a partire da quelle particolari, finisce per portare verso l'immobilismo teorico operativo o produrre qualche sbrigativa spiegazione che tende a ingabbiare, più che ad articolare, l'analisi. Sono tutte questioni che interrogano, oltre che il sociologo, lo psicologo sociale ecc., anche il pedagogista, per individuare non solo il "che cosa fare" educativo, ma anche il "come è successo", cioè quali sono i percorsi educativi che portano o non portano il disagio conclamato a esprimersi in violenza collettiva apparentemente irrazionale. Accanto a tutto ciò, anche la violenza "irrazionale" da parte dello Stato, che è tale non perché sia senza obiettivo (sedare le rivolte e riportare i quartieri alla loro normalità), ma perché non ha alcuna possibilità di raggiungerlo: cioè una violenza espressa dallo Stato – cioè dal soggetto che dovrebbe avere il monopolio della violenza, ma esercitarla razionalmente – appare in questi casi mossa da logiche repressive *d'antan*, inefficaci e destinate all'insuccesso.

2.4.4. IL BULLISMO

In questo quadro si registra l'ingresso della violenza anche in luoghi apparentemente prima risparmiati, innanzitutto la scuola, in particolare attraverso il cosiddetto "fenomeno del bullismo", anche se più che il fenomeno del bullismo in sé riveste particolare interesse la semplificazione sistematizzante che la categoria del bullismo consente. La scuola non è mai stata esente da violenza, e il riferimento non è solo alle componenti violente dei conflitti politici che l'hanno interessata per anni, ma anche alla scuola "di una volta", quella "per bene": la violenza della goliardia, la violenza, anche fisica, degli insegnanti nei confronti degli studenti, la violenza dell'istituzione in quanto tale. Ciò che, soprattutto in questi ultimi tempi, rappresenta un elemento di novità è che la violenza scolastica trova un pubblico di massa (è diventata spettacolo inquietante/divertente) grazie alla circolazione dei video sulla rete; anche in questo caso si tratta di una violenza apparentemente senza senso, o meglio, priva del senso che veniva tradizionalmente attribuito al dileggio delle persone "fragili", mentre il senso lo ha, e anche tanto, se la si legge come violenza pensata per essere mostrata attraverso i nuovi mezzi di comunicazione. Non varrebbe la pena occuparsi del bullismo, nella sua versione tradizionale o cyber, considerandola una categoria di comportamenti distinta e diversa da altri fenomeni che hanno a che vedere con la violenza, se il successo che ha avuto il termine, e le iniziative a esso legate, non rendesse necessario dedicare attenzione più agli epifenomeni che al fenomeno in sé. Il vero problema non è costituito da quell'insieme di comportamenti che stanno sotto questo nome, ma dal perché si è dato un tale nome ai comportamenti, perché si è sentita l'esigenza di uniformarli, perché si è modificata la soglia di tolleranza nei confronti di alcuni fenomeni che hanno avuto prima diversa definizione (prevaricazione, prepotenza, "nonnismo", la già citata goliardia). La risposta può essere rintracciata all'interno del clima nel quale matura la definizione del fenomeno: è un clima di progressivo abbassamento della soglia di accettazione di forme di violenza nei confronti dei soggetti ritenuti strutturalmente o contingentemente deboli. La questione del bullismo, come molto altro, si pone dunque soprattutto in termini di risposta più che di problema o di bisogno: l'interesse pedagogico dovrebbe essere rivolto più alle esperienze di formazione che promettono di fornire eccellenti strumenti per contrastarlo che non alla problematicità che lo caratterizza.

2.4.5. VIOLENZA, DISAGIO E CONFLITTO

La violenza collettiva può essere considerata una produzione diretta e immediata del disagio sociale, purtuttavia è necessario tenere presente che:

- non sempre il disagio sociale genera forme di violenza collettiva;
- vi sono manifestazioni di violenza non sempre riconducibili direttamente al disagio sociale comunemente inteso;
- il disagio sociale produce anche un'assenza di violenza, come per esempio nel caso di forti condizioni di marginalità, un'assenza che, a rigore di logica, dovrebbe preoccupare come e quanto le manifestazioni di violenza.

Ricondurre, sempre e comunque, la violenza collettiva al disagio sociale significa sbilanciare la ricerca verso le cause e le motivazioni più che verso gli obiettivi, limitando la possibilità di concepire la violenza come tentativo di acquisire stati di piacere e soddisfazione, quasi fosse inconcepibile (non umana) una violenza autosufficiente, autogratificante, non derivata da (e non connessa a) stati di disagio collocati nelle storie di vita dei soggetti individuali. Di conseguenza, nel tentativo di ridurre o eliminare le violenze con iniziative e strumenti di tipo educativo, si rischia anche di perdere la capacità di reggere alcune forme di essa che potrebbero essere definite "fisiologiche", che dovrebbero essere date per contraddittoriamente presenti nei percorsi di crescita degli individui e nelle forme di convivenza tra le persone. Ciò significa che il timore per la violenza, e l'azione nei confronti di essa, deve essere dosato in relazione alle specifiche forme e manifestazioni della violenza stessa (anche in questo caso è necessario essere attenti a non ampliare eccessivamente il campo di definizione di un fenomeno, altrimenti il rischio è di non essere in grado di distinguerlo dagli altri che gli sono contigui). Educare alla consapevolezza della violenza e dei conflitti dovrebbe significare assumersi la responsabilità di indicarne i limiti e i salti di qualità, rendere umano il problema della violenza per poterlo affrontare, evitare di delineare e proporre un soggetto inumano nel suo essere esente da questa dimensione della vita. Certo, si potrebbe affermare che le violenze diffuse, minute, quotidiane sono il terreno di coltura su cui crescono le violenze importanti – è il principio che sta alla base della tolleranza zero –, ma questo avrebbe lo stesso valore esplicativo che hanno quelle posizioni che affermano che le droghe leggere sono il terreno di coltura di quelle pesanti, che giocare con i soldatini prima e con i videogiochi adesso predisporrebbe alla guerra, oppure che l'idea di rapinare la banca inizia a formularsi viaggiando senza biglietto in autobus. Tutto ciò può essere vero, ma è anche vero che è necessario distinguere tra i terreni di coltura e le continuità e le discontinuità dei percorsi di vita e i veri e propri salti quantici e qualitativi che li interessano.

La violenza si riduce, si trasforma, si riconverte affrontandola in quanto tale in alcuni momenti di particolare acuzia, ma prevalentemente, quasi una sorta di "educazione indiretta", occupandosi di altro ed è questo un orientamento che vale anche per molte altre linee di criticità che la pedagogia si trova ad affrontare: dalla prevenzione della dipendenza da sostanze all'edificazione di una società interculturale. Per la riflessione attorno alla violenza "irrazionale" e alla difficoltà a ridurla o a riconvertirla attraverso strumenti educativi, torna utile uno stimolo da Hannah Arendt, la quale afferma: «Il fine della guerra [...] è la pace o la vittoria. E qual è il fine della pace? Non c'è risposta» (Arendt, 1996, p. 55). Analogamente, è possibile dire che il fine/la fine/il superamento della violenza è la non violenza, la buona risoluzione dei conflitti, la buona convivenza. Ma il fine di tutto ciò, qual è? Forse è questo uno dei problemi: la ridotta capacità di costruire e indicare delle prospettive forti, che siano effettivamente più attraenti rispetto a quelle fornite dalla violenza e che giustifichino i costi della rinuncia a essa. Inoltre, quale il premio per una vita senza violenza? Una vita "normale"? E qual è oggi una vita normale auspicabile?

Tra violenza e conflitto vi è soluzione di continuità, ma anche un legame molto stretto, tanto che la prima può diventare la manifestazione eclatante del secondo. La violenza può essere ritenuta disdicevole e il conflitto fisiologico; negli Stati democratici, come precedentemente accennato, non è auspicata un'educazione alla violenza da parte dei soggetti istituzionali, tranne che per alcuni corpi separati, o momenti eccezionali, mentre invece tende a essere sempre più auspicata una diffusa ed efficace, per quanto può esserlo, educazione al conflitto, affinché questo non sfoci in manifestazioni e atti violenti. Nella contemporaneità, in particolare per quanto riguarda i risvolti educativi, si rende necessario, da parte di una pedagogia che non si risolva nell'elencazione dell'auspicabile, prendere in considerazione, oltre il conflitto "per bene", non violento, accrescitivo, anche quello "per male", violento e antagonista, senza considerarlo un'anomalia da eliminare o qualcosa sempre e comunque da risolvere, bensì pensandolo semmai come qualcosa rispetto al quale è opportuno promuovere consapevolezza e assunzione di responsabilità: «Si tratta di imparare a convivere con tutto ciò che abbiamo rimosso e abbandonato come un'anomalia inammissibile. Si tratta di capire in che modo l'essere umano, l'essere umano così com'è, l'essere umano con il suo fondo di costitutiva oscurità, possa costituire la condizione di un vivere comune *malgrado* il conflitto e anzi attraverso il conflitto, mettendo fine al sogno o all'incubo di chi vorrebbe eliminare tutto ciò che vi è, in lui, di ingovernabile»; come per le dinamiche individuali è necessario anche per i conflitti collettivi e sociali «elaborare il lutto per l'idea di una intenzionalità incosciente, nascosta, detentrice di ragioni che si tratterebbe di riportare alla luce» (Benasayag, Del Rey, 2008, p. 42). Il conflitto mantiene dunque qualcosa di inconoscibile, anche se la tensione alla sua conoscenza non può venire meno.

2.4.6. EDUCAZIONE E CONFLITTO NELLA CONTEMPORANEITÀ

La necessità/capacità di collocare i conflitti in un quadro interpretativo pedagogico obbliga (quanto meno dovrebbe farlo) a porsi alcune domande di fondo: l'essere nel mondo è in sé esperienza conflittuale? Esistono delle dimensioni dell'esistenza esenti da conflitto? L'educazione è essa stessa un'esperienza conflittuale? Va da sé che il tentativo di rispondere a tali domande potrebbe compromettere definitivamente qualsiasi ulteriore sviluppo di riflessione, non essendo dimostrabili le risposte positive tanto quanto quelle negative. Domande astratte che devono porsi all'attenzione, anche in termini funzionalmente formativi[15], ma che, nello stesso tempo, devono essere trasformate in strumenti d'analisi di ciò che concretamente avviene in un determinato tempo in un altrettanto determinato luogo.

L'accostamento tra la pluralità dei conflitti e le esperienze educative genera molteplici possibilità di ricerca e azione comprese tra due estremi: l'educare, sempre e in generale, contro il conflitto o, all'estremo opposto, l'educare, sempre in generale, a favore del conflitto. Sono *entrambe* educazioni estreme e totalizzanti, concettualmente pari, pur se la prima potrebbe risultare meno inquietante e compromettente della seconda, soprattutto se al conflitto è associata l'involuzione, o l'evoluzione, nella violenza. Dall'impossibilità concettuale di educare sempre e comunque a favore o contro il conflitto, discende la necessità di analizzare l'educazione *contro* un particolare conflitto come quella *a favore* di un particolare conflitto. Ma quello che negli ultimi tempi sembra essere diventato il piano di accordo tra educazione e conflitto vede quest'ultimo concepito e accettato come dimensione della vita, rispetto al quale però devono essere sviluppate azioni finalizzate ad attrezzare le persone ad affrontarlo in modo tale che non sia distruttivo per alcuno. In questo caso il conflitto diventa allora un buon conflitto, qualcosa che può essere ben utilizzato a vantaggio di tutti, pacifico nelle modalità e nelle manifestazioni, che non nega l'altro. Insomma, come precedentemente affermato, il conflitto *per bene* contrapposto al conflitto *per male*. Non c'è dunque una disamina accurata e differenziata tra conflitto e conflitto, tra contesto e contesto, e soprattutto tra violenza e aggressività. Ciò appare particolarmente evidente quando l'educazione al conflitto si declina nelle esperienze laboratoriali, in assenza delle *reali* contrapposizioni di interessi che possono generare alcuni conflitti antagonisti: è un tentativo di trovare una via d'uscita pedagogica da un tema che è tan-

15. Questo tipo di domande appartiene alla categoria dei fondamentali pedagogici che dovrebbero, in un contesto formativo, comunque essere posti per essere, appunto, interrogati, a prescindere da opportunità e possibilità di risposte esaustive.

to facile da considerare a priori nella sua impalcature teorica e astratta, quanto difficile da affrontare nelle sue manifestazioni e configurazioni concrete. L'analisi pedagogica dei nessi tra educazione e conflitto dovrebbe invece utilizzare una griglia di domande per ricavarne coordinate per l'azione, tentando di non assolutizzare alcune posizioni, e con la consapevolezza che il conflitto è categoria "neutra", che deve sempre essere definito storicamente e contestualmente, e ciò riguarda anche il conflitto violento che, pur essendo inquietante, non può essere condannabile in sé. L'analisi pedagogica è opportuno indaghi (sospettosamente) il conflitto per coglierne le molteplici dimensioni educative.

– Conflitto tra chi e chi? Quali sono i soggetti coinvolti? Quali i principali e i secondari? La gerarchia dichiarata/apparente corrisponde a quella reale? Per esempio, nella aree urbane "sensibili" o fortemente degradate, quali sono i gruppi coinvolti e con quali alleanze formali e informali, strategiche o non strategiche, si attivano?
– Conflitto perché e per che cosa? Quali sono effettivamente le cause e gli obiettivi, oltre il dichiarato/apparente? Questa domanda ha dovuto accompagnare molti dei conflitti degli ultimi anni, soprattutto quelli internazionali, nei quali non era ben chiaro se fossero stati generati dalla domanda/offerta di democrazia e/o di pacificazione o da interessi economici ideologicamente celati.
– Il compito di chi si muove in una logica educativa appartenente ai filoni democratici e progressisti è quello di operare per una gestione e risoluzione dei conflitti sempre e comunque pacifica? Oppure alcune volte può rendersi necessario favorire i conflitti, anche attraverso l'educazione e la promozione di essi?
– Qual è il nesso tra conflitti e violenza? La violenza connessa ai conflitti è sempre manifesta? È sempre inopportuna?

2.4.7. I CONFLITTI DELLA/NELLA CONTEMPORANEITÀ

Nella contemporaneità si assiste sia al formarsi e all'esplicitarsi di conflitti originali e specifici sia alla molteplice riedizione di quelli antichi i quali, a mo' di fenomeni carsici, riemergono con riprese di vigore, modificazioni di alleanze, variazione di posizione degli elementi costitutivi, che da secondari o marginali diventano centrali e principali.

La città, per definizione sin dal suo sorgere, ha sempre ospitato tutto il globale esistente e possibile, e nella contemporaneità lo ospita anche rielaborando a livello locale le violenze che abitano il mondo e la mondializzazione. In questo caso si tratta sempre di modificare i quadri di comprensione di quello che accade, e di prendere, da una parte, le distanze dal Novecento e, dall'altra, di mantenervi una vicinanza. Infatti, a livello internazionale siamo passati da conflitti basati prevalentemente su identità nazionali o di classe a conflitti che si strutturano su prevalenti basi identitarie religiose ed etniche (Maalouf, 2007): quanto meno è ciò che viene, in significativa parte, percepito. Lo scontro tra civiltà, religioni, etnie, teorizzato/praticato a livello generale e internazionale, fornisce la base intellettuale per giustificare i microconflitti territoriali e il quadro cognitivo per affrontarli. In questo senso, alte sono le possibilità di assistere al mascheramento di conflitti economici e di potere sotto le mentite spoglie di conflitti religiosi oppure di conflitti sociali che migrano indirettamente e con molte mediazioni e passaggi in altre dimensioni (sport, *banlieue*), caratterizzandosi, per questo, come prepolitici o, nella terminologia in voga, postpolitici. In questo contesto interpretativo il conflitto principe della modernità, cioè quello tra capitale e lavoro, si è esaurito, perché sono venuti meno i contendenti o gli argomenti del contendere, o si è trasformato, magari disperdendosi in mille rivoli di facile identificazione ma di difficile "deframmentazione"?

La questione principale rimane comunque, a prescindere dall'essere i conflitti originali o delle rielaborazioni, la possibilità di ricostruirne una progettualità strategica. La fine o la crisi delle cosiddette "grandi narrazioni" ha comportato l'abbandono dell'idea di un futuro globale e locale nel quale i conflitti economici e sociali sarebbero stati superati a vantaggio di tutti, di conseguenza non vi è più l'idea di un futuro-approdo esente da conflitti, rispetto al quale tentare anche immani (inumani?) sforzi educativi. Alla crisi della progettualità strategica si aggiunge la situazione attuale di crisi economica, cui corrisponde l'aumento della possibilità di conflitti e conseguentemente anche di violenze, razionali o irrazionali che siano.

Le persone possono essere anche considerate spontaneamente collaborative, ma tale collaboratività generale (coesione sociale) ha maggiori probabilità di verificarsi quando esistono un buon welfare e un sistema di garanzie. In questo senso, l'opposizione tra conflittualità e collaboratività si sposta dal piano della natura a quello delle garanzie, ponendo la conflittualità come indirettamente proporzionale alla presenza di un sistema di garanzie sociali.

3

Le implicazioni pedagogiche delle risposte alla crisi della contemporaneità

Quella attuale, almeno nell'Occidente classico, non è più una società disciplinata dal fordismo, e non è chiaro se ciò, come per il conflitto tra capitale e lavoro, è avvenuto a causa del fatto che tale fordismo si è irreversibilmente esaurito, piuttosto che trasformato in altro, parcellizzato e diffuso. In una società "liquida" (postfordista), con assetti continuativamente variabili all'interno di un'architettura solida e duratura (il capitalismo), come si presenta l'educazione sociale (non la società educante)? Come si formano i soggetti individuali e collettivi? Quali sono le prospettive progettuali per uscire dalle crisi, quelle contingenti attuali e quelle di lungo periodo? Quel nuovo che dovrebbe sempre intravedersi nei momenti di trasformazione economico-sociale è adesso intravedibile? Esistono cioè delle intenzioni di trasformazione del presente che possiedono credibilità e prospettive sufficienti? Nel tentativo di rispondere e/o riformulare tali domande, è utile prendere in considerazione tre delle possibili prospettive di analisi e organizzazione del presente che, in qualche modo e alcune volte sovrapponendosi, tendono a candidarsi quali "soluzioni" (modeste o immodeste) ai guasti della contemporaneità o, quanto meno, quali modi per meglio svilupparne le potenzialità o superarne i limiti:

– la cultura imprenditoriale, intesa come espressione ideologica, seppure in molte componenti autoconsapevole di esserlo, del capitalismo contemporaneo, in particolare di quel "buon capitalismo" in grado di rappresentare una risposta positiva anche ai guasti provocati da sé stesso;
– il variegato mondo neocomunitarista, che nei confronti della contemporaneità esprime posizioni critiche e contraddittorie, e in molte sue componenti propone alternative che non sono solo progettualità intellettuale e di lungo periodo, ma anche prassi concreta qui e ora;
– la decrescita (serena, felice, tollerabile) intesa come sguardo decisa-

mente altro sul mondo, che mette in discussione l'industrialismo degli ultimi secoli e, pur nella diversità delle sue componenti, propone modalità di produzione e consumo radicalmente diverse da quelle di tale industrialismo.

Sono tutte prospettive di aggiustamento o cambiamento radicale del presente nelle quali si rintracciano intenzioni tanto "democratiche e progressiste", quanto antidemocratiche e regressive. In ogni caso, sono prospettive che educano e alle quali si è educati, comprendono progetti politico-culturali, strategie e prassi quotidiane più o meno ingenue, e tutte esprimono concettualizzazioni sull'educare che non sono state prodotte prevalentemente nei luoghi e nelle esperienze che hanno visto protagonista la pedagogia in questi ultimi anni. Forse perché la pedagogia è (è stata) in "ritardo", o forse perché non ha (ha avuto) voce in capitolo rispetto alla costruzione dei cardini teorici di tali prospettive.

3.1
La cultura imprenditoriale

In questi ultimi anni, in particolare dagli anni Novanta, si è prodotta una nebulosa culturale nella quale sono presenti e interagiscono componenti di tipi e derivazioni diverse, sintetizzabile nell'espressione "cultura imprenditoriale" o "manageriale", che è andata oltre un ambito circoscritto (l'impresa) per diventare una sorta di strumento generale per organizzare la vita delle organizzazioni e delle persone, se non del tutto una vera e propria visione del mondo. La cultura imprenditoriale nelle sue varie sfumature si è candidata a essere, e in buona parte lo è anche diventata, una delle culture di riferimento per acquisire gli strumenti finalizzati ad analizzare, organizzare e modificare pressoché ogni comparto delle vita individuale e sociale (Marzano, 2009). Ciò è avvenuto anche in ambito educativo e in una duplice direzione: come cultura mediante la quale organizzare l'educazione intenzionale, in particolare nella sua espressione formale, cioè la scuola, e come cultura all'interno della quale tentare di rintracciare alcune tra le principali finalità dell'educare, per esempio, apprendere in alcuni casi a essere imprenditori in senso stretto, ma anche apprendere a essere "imprenditori di sé stessi", della propria persona, del proprio corso di vita, del proprio "successo": sostanzialmente un possibile approccio per tenere insieme la costruzione delle "vite fai da te".

Termini ed espressioni quali efficacia, efficienza, prodotto, cliente, manager e, soprattutto, merito e meritocrazia, si sono ormai diffusi nel vocabolario di molti settori, anche in quelli lontani dall'impresa intesa in senso tradizionale, sino a raggiungere il linguaggio aspecifico e quotidiano. Tale diffusione del vocabolario imprenditoriale non è, ovviamente, solo una questione di moda, è altresì l'indice dell'invasività degli approcci e dei comportamenti riferibili a tale cultura nel quotidiano professionale e non professionale[1]. Una cultura potenziata dalle possibilità che offrono le nuove tecnologie di studiare esperienze prima difficilmente analizzabili in termini quantitativi e che erano, in parte, affidate ai poco imprenditoriali estro, intuito, mestiere, esperienza[2], sicché gli apprendimenti "manageriali" finiscono per interessare i minuti comportamenti quotidiani, così come la costruzione di visioni del mondo generali o parziali, e la messa a punto di strumenti teorico-pratici per organizzare, modificare o confermare le vite individuali e collettive. La cultura imprenditoriale che si dichiara ed è dichiarata neutro strumento applicabile ovunque, nell'organizzazione della sanità come nella produzione di merendine, nell'alta velocità come nei progetti di vita individuali; mostra appieno il suo volto ideologico non dichiarandosi come qualcosa di parziale, schierato, contingente, storicamente collocato e denso di contenuti di parte, ma proponendosi invece come un metodo applicabile ovunque sia necessario costruire una progettualità razionalmente orientata.

George Latouche ha scritto che la cultura dello sviluppo è colpevole di uno «stupro dell'immaginario», e si rende quindi necessario «decolonizzare» tale immaginario dall'ideologia in questione (Latouche, 2008, pp. 21-2). Lo stesso potrebbe dirsi per l'ideologia im-

1. La cultura imprenditoriale, oltre a valori, quadri cognitivi e vocabolari, ha imposto come epifenomeno anche un costume relazionale e comunicativo – quindi potenzialmente educativo – composto da microcomportamenti quali, per esempio, l'uso propositato e spropositato delle nuove tecnologie (anche in ambito didattico), l'inglesizzazione di alcune parole latine, il vestirsi classico in un certo modo e casual in un certo altro modo, un costume che ha visto una delle sue manifestazioni simbolicamente apicali nelle slide PowerPoint utilizzate dal presidente del Consiglio Matteo Renzi il 12 marzo 2014 per presentare le iniziative del suo governo.

2. Si veda l'uso del computer in funzione della scelta dei giocatori da parte dell'allora Commissario tecnico della nazionale italiana di calcio durante i campionati mondiali del 2014 (http://www.ilsecoloxix.it/p/speciali/2014/06/22/AR8ejHr-computer_cesare_prandelli.shtml, ultima consultazione 28 settembre 2015).

prenditoriale che, in non pochi settori, ha violentato la capacità di immaginare differenti modi di procedere e, anche in questo caso, si tratta di tentare operazioni di decolonizzazione, iniziando dal ritenere del tutto discutibile, oltre che l'effettiva applicabilità, anche la replicabilità, i risultati e l'opportunità di adottare la cultura imprenditoriale in qualsiasi campo.

Vi è stata dunque una diffusa educazione alla cultura manageriale-imprenditoriale, e non solo nei luoghi formali preposti istituzionalmente a farlo, per esempio in alcuni settori di formazione universitaria: si sono verificati, e si verificano, apprendimenti diffusi che risultano tanto più efficaci quando non dichiarati e inconsapevoli (Tramma, 2009a).

3.1.1. LA BUONA IMPRESA E LA RESPONSABILITÀ SOCIALE

Strettamente legata alla diffusione della cultura imprenditoriale è la responsabilità sociale dell'impresa, potendo quest'ultima essere considerata una componente essenziale e qualificante la prima. Antonio Gramsci, in uno dei suoi più importanti e noti scritti riguardanti i processi di industrializzazione negli Stati Uniti e in Italia, all'interno di una riflessione focalizzata sui rapporti tra Chiesa cattolica, Rotary e massoneria, cita un principio del codice morale deliberato dal Rotary in un congresso tenuto a St. Louis nel 1928: «Il Rotary è fondamentalmente una filosofia di vita che si studia di conciliare l'eterno conflitto esistente tra il desiderio del proprio guadagno e il dovere e il conseguente impulso di servire il prossimo. Questa filosofia e la filosofia del servizio: *dare di sé prima di pensare a sé,* fondata sopra quel principio morale: *chi meglio serve guadagna di più*» (Gramsci, 1949, p. 64). Tale citazione è a supporto di una precedente affermazione nella quale Gramsci sottolinea che il programma essenziale dell'organizzazione pare «sia la diffusione di un nuovo spirito capitalistico, cioè l'idea che l'industria e il commercio, prima di essere un affare, sono un *servizio sociale,* anzi sono e possono essere un affare in quanto sono un *servizio*» (ivi, p. 63). Come far sì che gli affari siano al servizio alla collettività, e che il servizio alla collettività si riveli un affare per gli affari: sembra essere questa l'antica/nuova filosofia di un capitalismo che non vuole essere, o quanto meno non si annuncia, predatorio. Vi è un fiorire di dichiarazioni sulla responsabilità sociale dell'impresa, di teorizzazioni sul capitalismo modernamente compassionevole, di rassegne di esempi e buone prassi che, essendo appunto manifestazioni di responsabilità sociale e non essendo considerabili beneficienza, non hanno quindi il "dovere" (teorico) dell'anonimato bensì tutto il diritto a palesarsi ed esibirsi.

Accanto all'impresa sensibile e attenta al sociale, vi è anche la posizione di chi abbandona qualsiasi scrupolo rispetto al dovere di aumentare direttamente il benessere sociale (Gallino, 2005), per esempio non ponendosi alcun problema nel delocalizzare o nel tentare di ridimensionare il potere contrattuale del lavoro[3]. In questo caso, il benessere sociale prodotto dall'azienda può essere teorizzato e ritenuto direttamente conseguente e proporzionale alla quantità di profitto o, in una versione più brutale, il benessere non si presenta come un problema del capitalismo in quanto tale, ma della "beneficienza", pubblica o privata che sia.

Rispetto alle responsabilità dell'impresa valgono dunque gli interrogativi posti da Vittorio Capecchi nell'*incipit* di un suo testo: «L'impresa deve essere responsabile solo verso i propri azionisti e, per quanto riguarda l'esterno, preoccuparsi solo che la sua immagine sia il più possibile positiva? Può intraprendere a livello sociale solo piccole iniziative di facciata, dal sapore quasi esclusivamente "pubblicitario", oppure può essere protagonista attiva di processi che si propongono di valorizzare l'ambiente, le persone che vi lavorano, i territori in cui opera? Detto in altri termini, quanto può essere ampia la responsabilità sociale di un'impresa?» (Capecchi, 2005, p. 9). È in questo quadro che la responsabilità sociale delle imprese diviene uno dei cardini dello scenario economico, politico e culturale all'interno del quale si collocano e agiscono anche pratiche educative. Queste ultime sono chiamate in causa sia perché la cultura manageriale e gli interrogativi relativi alla responsabilità sociale delle imprese forniscono un modello candidato a essere acquisito quale quadro culturale di riferimento per la regolazione dei rapporti tra alcune variabili e soggetti (capitale e lavoro, profitto e redistribuzione del reddito, guadagno privato e pubblico), sia perché è ormai dilagante argomento di formazione, sia perché, non ultimo, alcune imprese si impegnano a finanziare direttamente attività considerabili socialmente utili[4].

3. Per non parlare, in alcuni settori, della collusione attiva e reciprocamente vantaggiosa con il sistema della criminalità organizzata e della corruzione.

4. Si veda, per esempio, il contributo fornito dalla Fondazione Ernesto Pellegrini ONLUS per ridurre i disagi delle persone in difficoltà, un'attività che, per chi

Per quanto riguarda l'attenzione pedagogico-sociale, il mutamento che riveste maggiore interesse è quello relativo alla variazione della responsabilità sociale delle imprese in relazione al loro rapporto con il territorio nel quale operano. Infatti, in tempi di territorialità sempre più frammentata, mutevole, immateriale e virtuale, e in tempi di imprese sempre più multinazionali, delocalizzate e politerritoriali, diventa arduo stabilire quale possa essere la loro area territoriale di riferimento. Conseguentemente, la responsabilità sociale, qualora presente e praticata, è diretta in misura sempre crescente verso qualcosa di impersonale più che verso qualcuno o qualcosa: una responsabilità senza prossimità. Accanto alle forme e alle manifestazioni di responsabilità sociali che hanno un effettivo territorio circostante quale luogo di reperimento delle risorse e di destino dei beni prodotti, ve ne sono molte che non hanno territori di riferimento, anche qualora i prodotti benefici siano in parte destinati a un contesto limitato[5]. Inoltre, la responsabilità sociale delle imprese verso un delimitato territorio non è più considerabile la risultante della negoziazione dei diversi soggetti sociali, dai sindacati alle amministrazioni locali, che in qualche modo la imponevano attraverso forme di controllo e di azioni nel contesto territoriale (peso dell'opinione pubblica locale, spinte/rivendicazione dei lavoratori ecc.), intrecciate con un'attenta e razionale analisi del rapporto costi/benefici locali e anche con le responsabilità personali di chi era ed è collocato in posizioni dirigenziali e/o proprietarie (cosa diversa dall'anonimato attuale delle imprese delocalizzate). La responsabilità delle imprese, qualora esistente, si trasforma da "vincolo comunitario" che lega territori e aziende a qualcosa di "gentilmente concesso" dalle aziende nei confronti di un territorio sempre meno praticato e vissuto.

ha promosso la fondazione, è «un modo concreto di mettere a disposizione le sue competenze e le sue risorse per aiutare le tante persone che si trovano in condizione di temporanea difficoltà economica e sociale e favorire così lo sviluppo di nuove idee e nuove risposte ai bisogni che cambiano e diventano sempre più complessi» (Fondazione Ernesto Pellegrini ONLUS, s.d.).

5. È il caso della sponsorizzazione, da parte di imprese locali, di attività altrettanto locali (dai finanziamenti per la festa di paese all'acquisto della tenuta sportiva per il gruppo ciclistico). Nel secondo caso, pur articolandosi in attività rivolte anche a contesti locali, è lecito domandarsi quale possa essere il territorio di riferimento, per esempio, della Fondazione Vodafone o della Fondazione per l'infanzia Ronald McDonald.

3.1.2. ADRIANO OLIVETTI E LA OLIVETTI

Rispetto al tema della quadrangolazione tra educazione, territorio, cultura imprenditoriale e responsabilità sociale d'impresa, è impossibile non fare riferimento alla figura paradigmatica di Adriano Olivetti (1901-1960) e alle prassi a lui riconducibili o da lui ispirate, e questo anche in relazione alla ripresa di interesse nei confronti delle forme possibili di comunitarismo virtuoso, anche di tipo imprenditoriale e territoriale. L'attenzione alla storia di Olivetti e dell'omonima azienda negli anni che vanno dal 1930 al 1960 è soprattutto incentrata sulla teorizzazione e promozione intenzionale di dimensioni comunitarie interne ed esterne alla fabbrica, sulle condizioni dei lavoratori e del territorio dove l'azienda ha operato, sulle possibilità di industrializzazione e sviluppo virtuosi, il tutto gravitando attorno al tema della finalità sociale dell'azienda e, più in generale, del modo di porsi di un capitalismo "non egoistico" ed eticamente orientato. In particolare, per quanto riguarda la pedagogia attenta alla dimensione sociale, l'interesse è rivolto a temi quali l'educazione alla comunità e al suo sviluppo, alla fabbrica e al territorio intesi come esperienze e ambienti educativi nelle loro molteplici sfumature.

Nelle riflessioni di Olivetti vi è la consapevolezza di quanto l'industrialismo alteri, nel bene e nel male, i contesti di vita e le esistenze delle persone che ne sono direttamente o indirettamente coinvolte, e di come il suo tentativo sia quello di trovare una difficile terza via tra capitalismo e socialismo. Infatti, l'obiettivo della fabbrica di Ivrea, nel discorso ai lavoratori della Olivetti di Pozzuoli che Adriano pronunciò nel 1955 in occasione dell'apertura del nuovo stabilimento, è «creare un'impresa di tipo nuovo al di là del socialismo e del capitalismo», poiché entrambi, per come sono in sé e per come si pongono l'uno contro l'altro, «non riescono a risolvere i problemi dell'uomo e della società moderna». È a partire da tale obiettivo che la fabbrica di Ivrea «ha rivolto i suoi fini e le sue maggiori preoccupazioni all'elevazione materiale, culturale, sociale del luogo ove fu chiamata a operare, avviando quella regione verso un tipo di comunità nuova» (Olivetti, 2012, p. 29). Dalle parole di Olivetti emerge soprattutto la consapevolezza che l'innesto della fabbrica nella zona ne ha sconvolto gli equilibri. «L'uomo, strappato alla terra e alla natura della civiltà delle macchine, ha sofferto nel profondo del suo animo e non sappiamo nemmeno quante e profonde incisioni, quante dolorose ferite, quanti irreparabili danni siano occorsi nel segreto del suo inconscio [...]. Abbiamo lasciato, in poco più di una generazione, una millenaria civiltà di contadini e pescatori» (ivi, pp. 28-31). Il tentativo compreso nell'azione di Olivetti è quello di dare possibilità alla «difficile utopia di una industrializzazione dal volto umano» (Montesano, 2004, p. 8)[6], in particolare di «conciliare l'uomo e la macchina, il problema sul quale si sono cimentati dalla prima rivoluzione industriale in poi utopisti, ideologi, politici» (Ochetto, 2013, p. 123). L'industrializzazione è dunque intesa da Olivetti come processo educativo radicale e di massa, processo che può essere virtuosamente governato e orientato anche verso fini che travalichino il profitto per il profitto. La società industriale struttura donne e uomini sicuramente diversi rispetto a quelli presenti nei precedenti assetti produttivi, ma per Olivetti la radicale rottura con il passato può produrre persone e non i "gorilla ammaestrati" dell'organizzazione taylorista del lavoro.

Quello di Olivetti potrebbe essere definito un "capitalismo morale progressista", come si coglie nelle parole di Ottiero Ottieri, scrittore e collaboratore dell'azienda: «Ecco la contraddizione per cui abbiamo paura del macchinismo industriale, e ne proviamo un fascino: esso scompone, frammenta la personalità umana nello stesso momento che pone il proletariato nella condizione del suo più alto impegno morale» (Ottieri, 2004, p. 36). In questa visione la persona è scomposta e frammentata, ma nello stesso tempo è ricomposta nell'identità individuale e collettiva di lavoratore alla quale il macchinismo industriale educa. Tutto ciò è strettamente connesso alla domanda di Olivetti attorno ai fini dell'industria, se questi si trovino «semplicemente nell'indice dei profitti» oppure in qualcosa di «più affascinante», cioè «una trama ideale, una destinazione, una vocazione» (Ochetto, 2013, p. 103).

3.1.3. I FINI DELL'AZIENDA

In relazione all'apertura e all'organizzazione della fabbrica di Pozzuoli, Luciano Gallino si chiede come riuscisse la Olivetti in quegli anni «a pagare alti salari; a costruire nel Nord come nel Sud stabilimenti che entravano subito nella storia dell'architettura; a investire capitali

6. Sarebbe opportuno riflettere anche attorno alla difficile utopia della deindustrializzazione dal volto umano.

ingenti in servizi sociali allora inarrivabili e attività culturali» (Gallino, 2012a, p. 13), oltre che ad assumere migliaia di lavoratori in Italia e all'estero. Tutto ciò producendo utili che «non si trasformavano, come avviene ai giorni nostri nella maggior parte delle imprese, in larghi dividendi per gli azionisti, né in compensi per i massimi dirigenti pari a tre o quattrocento volte il salario di un operaio, né in spericolate operazioni finanziarie», ma che diventavano, appunto, «alti salari, magnifiche architetture, una buona qualità del lavoro, una crescente occupazione, nonché servizi sociali senza paragoni». La risposta sta, per Gallino, in una serie di fattori interconnessi: la capacità di innovazione, l'evoluzione degli stabilimenti e dell'organizzazione del lavoro, l'organizzazione commerciale, l'aumento delle vendite e gli alti ricavi (ivi, p. 15), come afferma lo stesso Olivetti nel già citato "discorso di Pozzuoli" del 1955. Ma, oltre ai fattori precedentemente elencati, «il segreto del nostro futuro» è fondato anche «nella partecipazione operosa e consapevole di tutti ai fini dell'azienda» (Olivetti, 2012, p. 28).

Una delle molte questioni poste dalla storia della Olivetti di Ivrea è il rapporto tra fabbrica e territorio, con tutti gli obblighi che tale rapporto pone o dovrebbe porre. Il rapporto tra l'azienda e il territorio circostante è intenso e partecipato, ma se la riflessione attorno al ruolo dell'azienda non si ferma al locale, lo travalica, «per approdare infine alla convinzione che solo un intervento globale, politico sulla società fosse in grado di individuare un progetto al quale associare tutte le forze più vitali, la cultura, i lavoratori, la comunità locale. In una rinnovata, solidale armonia» (Ochetto, 2013, p. 102). La trasformazione del territorio, nella logica di Olivetti, deve avvenire in direzione di un bene comune che travalica, pur comprendendolo, quello dell'azienda. Nelle politiche industriali è sempre presente un'attenzione al locale, tanto nel territorio di Ivrea quanto in quello di Pozzuoli, che nasce anche dalla consapevolezza e dal «rimorso» per avere contribuito, con lo sviluppo progressivo della grande fabbrica, a distruggere, come nel Canavese, quel tessuto di piccole imprese che contribuiva a edificare un tipo di vita «più povero», ma «più umano». La consapevolezza dei costi che l'industrializzazione richiedeva al territorio si trasforma, nel caso della Olivetti, in azioni riparative tese a «una ricomposizione sociale adeguata ai nuovi tempi» (ivi, p. 220).

È ancora Ottieri a fornirci però una disillusa lettura e una chiave interpretativa della contraddittorietà di ogni radicale trasformazione economica: «L'iniziativa settentrionale ci ha deposti in mezzo a gente familiare, in una terra amata. Certo essi non riescono a indovinare un centesimo dei nostri pensieri, delle astuzie scientifiche del nostro lavoro, dei nostri storici conflitti aziendali. L'industrializzazione del mezzogiorno come fatto della questione meridionale, cioè della questione loro, li lascia indifferenti; li insospettisce. Per i nobili è una cafoneria. Per i contadini [...] essa non è che un gran pranzo, di cui prendere qualche briciola» (Ottieri, 2004, p. 143).

3.1.4. OLIVETTI IN CONCLUSIONE E IN PROSPETTIVA

Adriano Olivetti appartiene a quella schiera di personaggi che sono passati alla storia per essere stati innovatori, leader carismatici, minoritari ma visibili, in gran parte estranei alle organizzazioni a cui avrebbero potuto fare riferimento personaggi che hanno prodotto molto dal punto di vista teorico e, nello stesso tempo, sono stati anche impegnati in prima persona nel realizzare imprese sociali, culturali, educative e, come nel caso di Olivetti, economiche[7]. La sua proposta non ha avuto successo strategico, ma la sua figura non è mai del tutto uscita di scena, è sempre stata presente in molte riflessioni tese alla ricerca di un altrove politico-economico rispetto al capitalismo e al socialismo. L'attualità di Olivetti sta nella sua ricerca e nei tentativi di costruire ponti e connessioni tra l'aspirazione alla rivalorizzazione dei territori intesi come mondi locali realmente praticabili dalle persone, le imprese caratterizzate da eticità, le forme di comunitarismo e, non ultimo, la possibilità di una buona politica, quanto meno le possibilità di un'antipolitica positiva. Tutto ciò incarnato in una storia di vita fatta di coraggio, anticonformismo, rischio e impegno diretto[8].

7. Il doveroso e costante riferimento in campo educativo è a quelle figure di educatori-pedagogisti quali don Lorenzo Milani, Danilo Dolci, Paulo Freire e, in particolare dagli anni Ottanta, a tutti coloro che hanno promosso iniziative "di base" nell'ambito dei servizi sociali ed educativi ecc.

8. «Olivetti era innanzitutto un operatore sociale, ossia un uomo politico nel senso pieno, che sul terreno dell'organizzazione industriale aveva trovato il primo campo su cui sperimentare un pensiero complesso, ma coerente in ogni sua parte, tale da abbracciare organicamente il piano della comunità territoriale, con i suoi problemi urbanistici e amministrativi, il problema delle funzioni fondamentali di una convivenza democratica, coordinata al centro e articolata alla base, e infine il problema della ristrutturazione dello Stato, ereditato dalla tradizione liberale, affetto ormai da crisi cronica di fronte alle nuove, crescenti esigenze della società moderna» (Ferrarotti, 2013, pp. 16-7).

La storia extra-aziendale di Olivetti è una storia di illusione più che di utopia e, se l'utopia può essere positivamente connotata e ammantata proprio a ragione del suo intrinseco non potere essere, l'illusione rischia di dare luogo a un irrealistico tentabile o tentato, e di collocarsi nella storia degli sconfitti virtuosi e ammirati: «Invece del modello Olivetti [...] vinse in economia e politica il modello Agnelli, un modello di sviluppo amato anche dalla sinistra e che ha piegato la politica alle sue istanze e ai suoi interessi» (Fofi, 2009, p. 10). Nella "sconfitta" di Olivetti ha giocato infatti un ruolo non secondario la posizione oppositiva, tra gli altri, della FIAT, che «non aveva mai gradito che la Olivetti, oltre a offrire agli operai condizioni di lavoro, salari e servizi sociali migliori delle sue, assicurasse loro una libertà d'azione sindacale ben maggiore» (Gallino, 2003, p. 22). E forse si è assistito all'eclissi del progetto sociale e politico di Olivetti anche perché troppo direttamente legato alla sua personalità e al suo impegno (Ochetto, 2013, p. 290).

Tale eclissi riporta la questione alla constatazione che i principali doveri dell'azienda sono, in realtà, orientati nei confronti degli azionisti, siano essi, nella tradizione dell'investimento pacato e risparmioso dei "cassettisti" individuali o familiari, piuttosto che nell'innovazione degli investimenti[9], aggressivi e a brevissimo termine, dei fondi di investimento. Solo se un'azienda produce profitto può permettersi il lusso di sentire "altri doveri", questo è lapalissiano, ma è bene che venga ricordato per evitare di dimenticare che la priorità, in ogni caso, al di là delle intenzioni e inclinature dei protagonisti, non può che andare al profitto. Anche nell'esperienza di Olivetti, questi ha potuto praticare, oltre che sentire, doveri nei confronti del contesto territoriale, sino a quando l'azienda ha prodotto profitti, o era nella prospettiva di produrli.

3.1.5. LA BUONA AZIENDA

La questione dei presunti e/o reali obblighi dell'azienda nei confronti del contesto territoriale in cui opera e, più in generale, nei confronti della società, così come quella dei presunti e/o reali obblighi del conte-

9. Fermo restando che, come ha dimostrato Mariana Mazzucato, in materia di investimenti finalizzati alla ricerca e all'innovazione, i rischi strutturali di lungo periodo sono assunti dalla collettività tutta e i ricavi di breve periodo «finiscono nelle tasche di un gruppo molto più ristretto». In altri termini: «Socializzazione dei rischi e privatizzazione dei guadagni» (Mazzucato, 2014, pp. 239, 262).

sto territoriale e della società nei confronti dell'azienda, è questione centrale anche per la riflessione pedagogica, in particolare per quella di ambito pedagogico-sociale. Lo è, nello specifico, perché l'intensità, le caratteristiche, la qualità del rapporto tendono a creare un assetto territoriale nel quale sono presenti forti punti di riferimento per la costruzione delle storie di vita dei soggetti individuali e collettivi, e questo sia riguardo agli aspetti materiali (dall'organizzazione della viabilità alla presenza di servizi aziendali di tipo ricreativo o abitativo) sia riguardo agli aspetti immateriali (dall'azienda come prospettiva occupazionale alla trasmissione territoriale di una cultura paternalistica o manageriale) (Brambilla, De Leo, Tramma, 2014).

Proprio nella prospettiva di uno sguardo pedagogico-sociale, appare necessario ricordare che i "doveri" dell'azienda nei confronti del territorio sono differenziati, assumono forme e prospettive generiche quando la fabbrica di beni materiali o immateriali non è ancorata, per i fattori in entrata o in uscita, a uno specifico e individuabile territorio, oppure forme e prospettive molto concrete e di piccolo raggio, quando i territori sono effettivamente conosciuti e praticati dalle aziende.

Nella quarta di copertina del libro di Valerio Ochetto è formulata una domanda, e lo è in maniera tale da non poter ricevere risposte, oppure da riceverne di invalidanti: «Si può essere imprenditori e rivoluzionari?». Infatti, la riposta non può che essere negativa se per rivoluzionario intendiamo non genericamente colui o colei che intende modificare realmente un qualcosa, ma la figura così come è stata consegnata al presente dalla storia dell'Ottocento e del Novecento. La risposta è affermativa se per rivoluzionario intendiamo la necessità incessante del capitalismo, e di chi lo interpreta, di mettere costantemente in discussione i suoi modi di essere e di manifestarsi (non certo sé stesso in quanto tale: in questo il capitalismo è del tutto conservatore). Forse vale la considerazione di Adriano Fofi riguardo ai «grandi riformatori» che «sono sempre partiti da due questioni fondamentali. La prima è la scuola, l'educazione, la formazione; e la seconda è l'urbanistica, la città, il quartiere, la comunità. Sono queste le responsabilità primarie: si cambia il mondo attraverso l'educazione e creando sane condizioni di vita comunitaria» (Fofi, 2009, p. 83). Olivetti ha tentato di operare su entrambi i campi, anche se, per quanto concerne l'educazione, prevalentemente sul piano informale e non formale; è stato sicuramente un grande riformatore, ma anche la dimostrazione vivente dell'impossibilità di far diventare prassi diffusa e maggioritaria una, pur encomiabile, prassi di nicchia.

Tracce, alcune volte molto importanti, del pensiero e dell'opera di Olivetti emergono dai marosi della crisi attuale, per contribuire a delineare un modello di azienda di tipo completamente diverso rispetto a quella padronale alla quale il fordismo, o almeno una buona parte di esso, aveva abituato il lavoro e la società. È un'azienda che prosegue la tradizione di attenzione verso la cura dell'altro, oltre che verso la cura di sé, orientata a produrre profitto ma anche benessere al proprio interno e al proprio esterno. Ecco allora proseguire la tradizione che in Italia ha trovato, come detto, in Olivetti la sua espressione più compiuta, di una fabbrica che può ospitare spazi e attività finalizzati al benessere di chi vi lavora, ed essere, nello stesso tempo, il nucleo promotore di attività miranti al benessere generale; ecco allora il volontariato d'azienda, i finanziamenti alle organizzazioni non lucrative, le fondazioni. Insomma, quasi la realizzazione di quel «Vedrai com'è bello lavorare con piacere in una fabbrica di sogno tutta luce e libertà» decantato ironicamente e, nello stesso tempo, sinceramente in una canzone degli anni Sessanta del Novecento (*Vedrai com'è bello*, di G. Bertelli, 1967).

3.1.6. IL WELFARE AZIENDALE

In un articolo del 2014 uscito sul settimanale "l'Espresso", a proposito di un'azienda che parrebbe avere realizzato la "fabbrica di sogno" si scrive «più che una fabbrica sembra il set di Truman Show [velenoso paragone dell'autrice dell'articolo, *N.d.A.*] dove i personaggi stanno tutti dalla parte dei buoni. Mai un conflitto, mai un licenziamento in oltre cinquant'anni di storia. Produttività da record, un'efficienza stile Nord Europa, tra vetrate, tappeti e design. E un laboratorio di ricerca così moderno che sembra di essere in una base NASA». L'imprenditore che dirige è così descritto: «Non che questo industriale dai modi cortesi sia semplicemente un milionario filantropo. O un imprenditore con una concezione paternalistica dei rapporti con gli operai»; egli dichiara infatti: «Non sono un marziano. Un'impresa non deve puntare solo al profitto, deve assumersi anche una responsabilità sociale. Chi ha avuto il dono o la fortuna di raggiungere dei risultati ha un dovere verso la collettività» (Ronchetti, 2014, p. 120).

La bella azienda ha però anche un altro significato, legato strettamente alla crisi del welfare e ai modi per uscirne. In un precedente numero dello stesso settimanale rispetto a quello prima citato, si narra, con grande efficacia giornalistica, di quella che tende a essere una delle più importanti componenti della configurazioni del futuro welfare state. L'articolo è un reportage realizzato in alcune aziende italiane e mostra fotografie nelle quali sono ritratti i dipendenti mentre sono in mensa, in palestra, durante la visita a una mostra d'arte, nonché innovative soluzioni architettoniche per le linee di produzione. A questa magnificenza iconica postfordista (in realtà di stampo un po' nordcoreano) fa da strano contraltare un titolo che comprende una definizione assolutamente fordista e antagonista del fenomeno ("Al welfare pensa il padrone").

Nell'articolo si legge di una serie di provvidenze e sostegni che i dipendenti ricevono dalle aziende e, in maniera giornalisticamente efficace, si sottolinea che il W2 (ossia il secondo welfare) «trae origine dalle corporazioni medioevali e dalle società di mutuo soccorso ottocentesche, e nell'Italia del Novecento, assume le forme dei villaggi industriali dei Crespi, quelle caritatevoli di Marzotto, con orfanotrofi, ospizi, scuole e colonie, o infine quelle comunitarie di, appunto, Olivetti, incentrate sul dialogo, la cogestione, la valorizzazione del territorio». Il W2, anche a causa della crisi, assume ora «un rilievo senza precedenti. Poiché lo stato arretra nell'offrire previdenze e benessere, entrano in campo le aziende a sostituirlo, ottenendo un vantaggio di produttività e d'immagine, con offerte di beni e servizi che si moltiplicano in ogni direzione». Ma, sempre secondo l'autore dell'articolo, il «W2 non è solo una risposta alla crisi. È il perno di un nuovo modello di "relazioni industriali" che punta al "coinvolgimento" dei lavoratori in chiave funzionale alla qualità e alla produttività» (Simoncini, 2014, pp. 58-65). È un ritorno a Olivetti? Forse, sicuramente è un asciutto aumento di dipendenza dei lavoratori dal capitale, cioè dell'aumento del potere di quest'ultimo sui primi; in ogni caso è un elemento di analisi delle prassi che concorrono fortemente a disegnare il nuovo scenario sociale ed educativo[10].

3.2
Sarà un abbraccio che ci salverà? La sacra famiglia del comunitarismo virtuoso

Dopo il modello del "buon capitalismo", la seconda soluzione, seppure non del tutto antagonista alla prima, candidabile a riparare i guasti

10. Cfr. http://www.secondowelfare.it/primo-rapporto-2w/primo-rapporto-sul-secondo-welfare.html (ultima consultazione 28 settembre 2015).

provocati dalla contemporaneità e/o a svilupparne le potenzialità è costituita dal variegato mondo del neocomunitarismo. Da quando è stato "sancito" il passaggio dalla comunità alla società, mai come in questi ultimi decenni la comunità è stata circondata da vivaci e differenziati interessi. La sua sparizione, o il forte ridimensionamento, può essere considerata l'essenza stessa della modernità: «La testimonianza più significativa e ingrata del mondo moderno [...] è quella della dissoluzione, della dislocazione o della conflagrazione della comunità», tant'è che anche «la parola "comunismo" è [è stata] l'emblema del desiderio di trovare o ritrovare un luogo della comunità» (Nancy, 2003, p. 19).

Il radicale indebolimento delle tradizioni comunitarie proprio della modernità può essere stato ed essere vissuto come un *costo* sociale e individuale, pur se tale indebolimento ha teoricamente reso possibili corsi di vita svincolati dagli obblighi e dai condizionamenti che l'appartenenza comunitaria imponeva. Secondo Michael Ignatieff[11], la «perdita dei legami comunitari e di vicinato» è stata «il prezzo più alto» che si è dovuto pagare alla modernità, «in un mondo abitato da estranei si va affermando sempre più la tendenza a ritirarsi nell'intimità della famiglia e del focolare domestico, questo porto sicuro che ci protegge da un mondo spietato». La ritirata nella dimensione familiare, pur se comprensibile intesa come azione di difesa, confligge con le «nostre tradizioni politiche che ci dicono che condividere un senso comunitario è una necessità umana, che possiamo diventare pienamente umani solo riconoscendoci in un'appartenenza comune in quanto vicini, in quanto cittadini», concludendo che «senza una vita pubblica di questo tipo, la nostra individualità si riduce a una vacua esistenza privata» (Castoriadis, Lasch, 2014, p. 7).

La comunità, come riscoperta di qualcosa di preesistente alla modernità o paradossale invenzione postmoderna, tanto come desiderio quanto come nostalgia, è dunque una delle modalità di risposta alla crisi di senso e prospettive della contemporaneità. La "voglia di comunità" (Bauman, 2001) è presente in molteplici campi dell'esistenza, ed è considerata, nella sua totalità o in alcune sue sfumature, non solo una possibile risposta ai disagi della contemporaneità, ma anche uno stru-

11. In un libro che è la trascrizione di una conversazione radiofonica del 1986 tra Cornelius Castioradis e Christopher Lasch, nella quale Ignatieff fungeva da curatore (Castoriadis, Lasch, 2014, p. 7).

mento per accrescere l'agio degli individui e delle collettività. In altre parole, la comunità, o qualcosa a essa riferibile, compare direttamente, o si intravede, in molti discorsi sulle criticità o sulle potenzialità della società attuale, e sui possibili modi di ridurre le prime e favorire le seconde. È però necessario sottolineare che molti dei richiami, espliciti o impliciti, alla comunità hanno poco a che fare con questa così come essa è stata definita e affrontata dalla ricerca storica e sociale (Tramma, 2009b): sembrano essere più o meno vaghi e intensi richiami a una dimensione collettiva positivamente connotata, cioè circondata da un'aurea di gradevolezza, piuttosto che non a una vera e propria, e oltremodo impegnativa, dimensione comunitaria in senso stretto.

3.2.1. LE IMPLICAZIONI PEDAGOGICHE

Utilizzando il titolo di un lavoro di Marx ed Engels si può affermare che esiste una sorta di "sacra famiglia" del comunitarismo virtuoso e, nello stesso tempo, una "profana famiglia" di quello non virtuoso. Dove per comunitarismo virtuoso s'intende tutto ciò che negli intenti e nelle dichiarazioni mira a un bene comune che, anche attraverso la messa in rete di risorse parziali e locali, può tendere al superamento della dimensione locale per concepire e tentare di praticare un bene generale di portata universalistica. Per comunitarismo "profano" s'intende, invece, tutto quello che è orientato a realizzare un bene comune particolare, esclusivo e delimitato, anche a costo di penalizzare chi è all'esterno del gruppo o del contesto comunitario.

Quali sono i membri della sacra famiglia? È evidentemente impossibile elencarli tutti con esaustiva precisione tassonomica, perché non tutti sono "persone giuridiche", cioè soggetti con fisicità di comportamento (dall'associazione di volontariato alla cooperativa di servizio sociale, dal gruppo di acquisto solidale alle comunità residenziali totali) che operano all'interno di differenti aree di obiettivi, livelli di impegno, complessità organizzativa; si tratta anche, oltre che dei primi, di atteggiamenti, visioni del mondo, posture intellettuali ecc. Quello che è possibile e utile fare è indicare comportamenti "immateriali", alcuni filoni di pensiero e azione, aree di ricerca, atteggiamenti scientifici e operativi, stati d'animo che costituiscono il prodotto culturale e, nello stesso tempo, il terreno di coltura del comunitarismo (non sempre) virtuoso. Fatta questa doverosa premessa, è possibile individuare ed elencare alcuni componenti della sacra famiglia, in particolare quelli che, più di altri, contribuiscono a costruire discorsi di ambito pedagogico-educativo. In particolare:

- la Chiesa (con particolare riferimento a quella cristiano-cattolica), comunità universale e, nello stesso tempo, locale per eccellenza, portatrice di una lunga, complessa e contraddittoria storia di comunitarismo praticato e antimodernismo altrettanto praticato. Chiesa che, mentre vincola sempre meno gli itinerari individuali (per esempio rispetto al matrimonio e all'idea e alla pratica della famiglia), continua a orientare la politica (pur potendosi considerare esaurito il tempo del "partito di riferimento") con la dottrina sociale e con il principio della sussidiarietà. In particolare, candida sempre più una delle figure appartenenti alla propria storia, cioè il volontario, a figura di riferimento per le pratiche di impegno sociale, e questo anche in virtù dell'esaurimento dell'altra figura storica dell'impegno, cioè il militante politico e sindacale;
- la stagione del variegato e differenziato federalismo, nella versione "virtuosa" di evoluzione della precedente stagione del decentramento, ma altresì in quella, assai meno virtuosa, del localismo escludente che ha posto, in tempi di completamento della mondializzazione, in termini del tutto nuovi e, nello stesso tempo, antichi la questione del locale. Un federalismo, quest'ultimo, che ha generato localismo corporativo e ora vira verso uno schietto ed espulsivo reazionarismo nazional-locale;
- la *welfare community* come risposta compensativa alla crisi del welfare state e/o come superamento di quelli che sono ritenuti i suoi limiti strutturali e non accidentali;
- il salto quantitativo e qualitativo della riflessione sulla cultura e sulle pratiche dell'alimentazione e della produzione agroalimentare, dove il locale e il comunitario s'intrecciano con il regionale, lo stagionale, la tipicità;
- la decrescita felice, in questo caso intesa come radicale uscita dalla crisi contingente e strutturale dello sviluppo, espressione radicale di un ventaglio di posizioni che tendono a rivalutare la dimensione comunitaria anche per le potenzialità strutturalmente conviviali che offre (Illich, 2005);
- le neocomunità del web (fermo restando che si possa parlare di comunità a tutti gli effetti), che hanno contribuito a rilanciare il termine e a legittimarlo nel linguaggio comune;
- la scoperta di quella terza via che avrebbe potuto esserci tra capitali-

smo reale e socialismo reale (ma non c'è stata), la fiducia verso la quale «si sarebbe incrinata, quando la parola *comunità* avrebbe perso di peso a vantaggio di parole illusorie come, tra i "vecchi", la parola *sviluppo* e tra i giovani la parola *rivoluzione*» (Fofi, 2012, p. IX)[12]. Dunque una storia di coccio, quella comunitaria, compresa tra due storie di ferro (lo sviluppo e la rivoluzione), che tenderebbe oggi a riemergere a seguito della consapevolezza dei limiti, se non della nocività, della continuità dello sviluppo, tanto quanto della discontinuità illusoria e fallimentare della rivoluzione;

- l'idea del luogo della produzione di beni e servizi come luogo comunitario completamente diverso da quello capitalista o socialista, nel quale i soggetti che vi partecipano sono vincolati anche da contratti etici e non solo economici o politico-ideologici;
- il peso che hanno assunto, in particolare nel campo degli interventi sociali ed educativi territoriali, tutti quegli approcci e metodologie che si rifanno allo "sviluppo di comunità" e quei progetti e interventi che ruotano attorno alla "coesione sociale".

A partire dalla costatazione che la comunità e il territorio sono indissolubilmente legati, nel corso della storia recente del paese si sono susseguiti tentativi di rigenerare, promuovere, difendere "comunità", o meglio stili di vita e modalità relazionali, che a tale categoria sono con molta approssimazione riconducibili. In particolare, vi sono stati tentativi di superare la contraddizione tra i processi di industrializzazione e sviluppo e le dimensioni comunitarie territoriali. È ancora l'attento osservatore Ottieri, in occasione dell'inaugurazione di una cappellina votiva dedicata alla Madonna, voluta dagli abitanti di un villaggio aziendale costruito dalla Olivetti in un paese del Meridione che, commentando i comportamenti degli abitanti, scrive: «Ricreavano in una moderna economia del benessere la vita dei cortili e dei vicoli» per concludere la frase con un lapidario «come noi vogliamo», quasi a rimarcare che i moti comunitari erano dovuti a una intenzionalità (educativa) esterna (Ottieri, 2004, p. 188). Un'intenzionalità esplicita si ritrova anche nei progetti e nelle realizzazioni di quartieri, con tentativi di soluzioni architettoniche in grado di facilitare le relazioni. Ancora, la comunità ancorata a un luogo si manifesta nei condomini solidali

12. La citazione di Goffredo Fofi è tratta dall'introduzione, scritta nel 2012, a una nuova edizione della pubblicazione, avvenuta nel 1993, del diario di viaggio scritto nel 1960 e intitolato *Strana gente*.

e/o sociali che si presentano come l'ultimo e attenuato paragrafo, in ordine di tempo, del variegato capitolo delle "comuni", cioè di tutte quelle esperienze che hanno teso a mettere in discussione la rigida separazione delle relazioni, delle economie, dei progetti individuali e familiari attraverso intenzionalità determinate, comprendenti anche un dovere etico reciproco. In tempi recenti la comunità, seppure in forma attenuata e diluita, si presenta anche nell'interessante fenomeno delle *social street*[13].

Nel corso del tempo sono stati operati tentativi corposi o minuti di promuovere dimensioni relazionali riconducibili a comunità esistenti, ma anche tentativi di ridimensionare forme comunitarie, come nel caso del trasferimento forzato degli abitati dei "sassi" di Matera nei nuovi quartieri appositamente costruiti per fornire loro un'alternativa a condizioni di vita degradanti; oppure tentativi finalizzati a rigenerare un sistema di relazioni legato a un luogo, come nel caso della ricostruzione del nuovo paese di Gibellina dopo il terremoto del Belice.

I tentativi di promuovere comunità sono riconducibili a diverse origini e tradizioni politiche e culturali, nelle quali al centro della scena vi è però sempre il bambino assente, quel comunitarismo virtuoso che, nella convinzione dei promotori, se è già nato, presto si paleserà e, se non è ancora nato, presto lo farà. Tentativi che pur nelle loro differenze possiedono alcuni elementi ricorrenti quali, in primo luogo, le ridotte dimensioni, il *vis-à-vis*, la valorizzazione dell'empatia, il familismo morale, la condivisione, le dichiarazioni di eticità. Inoltre, si profila chiaramente la speranza che la dimensione comunitaria possa nascere a seguito dell'intrecciarsi e del solidificarsi di processi "dal basso" (ritenuti per definizione sempre più virtuosi di quelli imposti dall'alto) in una rete sempre più fitta, estesa e funzionante; ma forse, anche in questo caso, vale quel principio generale, molto ben presente e orientante in ambito educativo, secondo il quale quello che maggiormente conta è il processo (la tensione verso la comunità) più che il prodotto (la comunità realizzata).

Tali dimensioni comunitarie virtuose hanno come antagoniste quelle non virtuose, considerabili:
– la negazione stessa del comunitarismo se si concepisce la comunità come sempre positivamente connotata;

13. Per un approfondimento si rimanda a http://www.socialstreet.it/ (ultima consultazione 28 settembre 2015).

– l'immagine di "parenti imbarazzanti" che inevitabilmente capitano in una storia familiare "presentabile";
– l'inevitabile volto inquieto e ombroso delle comunità in quanto tali, in particolare quelle che nascono dall'esclusione e dalla marginalità e che si solidificano, per esempio, nelle appartenenze ai quartieri sensibili;
– le possibili manifestazioni schiette di quello che non può non essere definito "comunitarismo", seppure aggregato su contenuti ed espresso in modi considerabili negativi da chi si colloca in ambito democratico e progressista.

In ogni caso, a prescindere dall'auspicabilità o meno degli oggetti, dei processi e dei prodotti comunitari, si rende necessario tenere sempre ben presente l'ammonimento di Beck, che intende la comunità come un "rimedio della nonna" al cospetto dei problemi della contemporaneità: «I comunitaristi [...] cercano di scacciare il diavolo dell'egoismo con una retorica ispirata della comunità – una sorta di rimedio della nonna che, come tutti i rimedi della nonna, non fa male a nessuno e non costa nulla» (Beck, 2000a, p. 56). Per sviluppare l'efficacissima metafora, è pensabile che i rimedi della nonna siano la gran parte della volte assolutamente inutili, se non addirittura dannosi, mentre altre volte possono anche risultare efficaci e sensati per problemi di piccolo cabotaggio, altre ancora garbatamente consolatori, soprattutto in un contesto culturale che vede la diminuzione delle capacità reale di governare la propria vita al cospetto della frammentazione e "managerializzazione" delle vite individuali e collettive.

Qualsiasi ragionamento sulla comunità intreccia quello sul capitale sociale (Andreotti, 2009), cioè quella «formula linguistica che comprende l'insieme delle relazioni (interumane, comunitarie, istituzionali) di cui dispone un soggetto individuale o collettivo (gruppo, organizzazione, comunità ecc.) come risorsa del proprio agire» (Schermi, 2014, p. 50). Il capitale sociale e la comunità sono indissolubilmente legati da un vincolo di reciproca produzione, anche se il capitale sociale, come del resto la comunità, rischia di trasformarsi in un'ideologia. Come scrive Giovanni Moro, si è venuta a creare un'ideologia del capitale sociale, appunto «l'insieme di legami di fiducia, solidarietà, e interdipendenza tra le persone in una comunità» (Moro, 2014, p. 41), si tratta dunque di una formula linguistica che, se da una parte interpreta qualcosa di reale e importante, dall'altra, «volgarizzata e imbarbarita», sembra implicare *tout court* che il solo fatto che le persone si mettano insieme posa avere un valore in sé (ivi, p. 42).

3.3
Il paradigma della decrescita

All'uscita dalla crisi mediante la cultura imprenditoriale o le forme di neocomunitarismo leggero o duro, si affianca la possibilità della cosiddetta "decrescita felice" (quella infelice sarebbe l'impoverimento "secco" per importanti settori di popolazione, modello Grecia). Quello della decrescita è un tema da qualche tempo al centro di importanti interessi e riflessioni (Latouche, 2005; 2009; 2011), anche esplicitamente pedagogiche (Sirignano, 2014).

La decrescita però, e in questo non si può non concordare con chi la teorizza, non è un atteggiamento riformista e riparativo rispetto ai problemi posti dalla pratica e dall'ideologia dello sviluppo, bensì un modo radicalmente altro di considerare il rapporto tra gli umani e ciò che è genericamente e generalmente inteso come "natura". È la posizione estrema di un arco che vede all'altro estremo la teorizzazione e la pratica dello sviluppo così come è stato concepito e praticato sinora, seppure con tutti gli aggiustamenti del caso, e vede altresì in posizione intermedia tutte le posizioni riconducibili all'idea di sviluppo compatibile, più o meno radicalmente modificato. Quello della decrescita è un approccio che va oltre qualsiasi possibilità di sviluppo compatibile o "verde" che possa essere: è innanzitutto un modo per tentare di rimediare alla catastrofe provocata dallo sviluppo, se mai possa essere effettivamente possibile porvi rimedio. Non è una risposta tecnica, ma una visione totale ed estrema di osservare e concepire il mondo, comprendendo in sé, e radicalizzando, molteplici sfumature di dissenso nei confronti dell'organizzazione del presente. Quello che è necessario incrinare è il mito dello sviluppo sostenibile e durevole (Latouche, 2011), cioè la risposta "riformista" all'ideologia dello sviluppo geograficamente e temporalmente illimitato. Da questo vertice, quindi, non si tratta di attivare un'opera "controeducativa" soltanto nei confronti dello sviluppo, ma anche nei confronti delle prospettive riformiste e migliorative; non si tratta di sostenere un'altra crescita, ma di uscire dalla crescita. La questione, posta in questi termini, ha una radicalità dalle molteplici implicazioni educative che ricorda quelle direttamente poste, o indirettamente stimolate, da Ivan Illich[14]. Tuttavia la decresci-

14. Non a caso ritenuto da Serge Latouche (2011) come un suo importante riferimento. Attorno alla fortuna attuale di Illich, è utile la considerazione di Franco

ta può essere intesa anche come un approccio antimoderno nel quale «la condanna dell'iperproduttivismo moderno accumuna capitalismo e socialismo in una delegittimazione radicale dello sviluppo delle forze produttive e in una totale mistificazione del funzionamento della società capitalistica» (Azzarà, 2015, p. 125).

La decrescita, che la si accetti in quanto prospettiva auspicabile e possibile, quanto meno come radicalizzazione funzionale a trattare con radicalità la questione delle prospettive del pianeta, o che la si rifiuti ritenendola inopportuna e/o impraticabile, chiama in causa molte delle caratteristiche e delle trasformazioni della contemporaneità e del modo di approcciarsi a esse, primo tra i quali il tema del comunitarismo e del rapporto tra premoderno e moderno, con i molteplici riferimenti alla società come insieme di comunità locali autogovernate e tra loro connesse in rete. Invita, inoltre, a riflettere anche attorno alle caratteristiche dei territori, non solo per quanto riguarda gli stili di consumo e di vita, i servizi, la popolazione, ma anche in relazione ai fondamentali, cioè la dimensione geografico-naturale, l'assetto urbanistico e le scelte strutturali inerenti la loro configurazione economica e produttiva, in particolare la connessione con le problematicità e possibilità che emergono dalla "defordizzazione" di aree territoriali importanti per estensione e storia industriale. Oltre a tutto ciò, l'approccio della decrescita invita a collocare al centro dell'attenzione il consumo e il consumismo, esortando ad analizzarli, da una parte, come comportamenti derivati da processi educativi profondi ed estesi, dall'altra come fenomeni strutturali basati sui «tre i pilastri del sistema consumistico», cioè la pubblicità, il credito, l'obsolescenza programmata (Latouche, 2011, p. 42), pilastri intendibili come oggetti educanti, in termini di contenuti e didattiche. Infine, la decrescita pone al centro dell'attenzione anche il rapporto tra Occidente tradizionalmente inteso e resto del mondo, in particolare per quanto riguarda le resistenze alla cultura unica e all'omologazione dell'occidentalizzazione.

La Cecla (2013, p. 6): «In giro c'è troppo presunto e autodichiarato illicchanesimo e poco Illich. Illich se lo contendono varie truppe di seguaci che pretendono di ispirarsi a lui, dai fautori della "decrescita" più o meno felice, alle frange cattoliche antimoderniste, dai neotolstoiani, fino ai grillini e a varie altre componenti di un sedicente mondo "alternativo"», quelle che alcune pagine dopo saranno definite «piccole chiese» (militantismo *eco-friendly*, latouchismo facile, oltranzismo "kilometro zero" ecc.), un mondo che «ha bisogno di Illich solo perché ne può prendere slogan, ma poi la sua aspirazione più generale è molto difficile da assorbire» (ivi, p. 9).

La decrescita non è una delle molte possibili critiche "costruttive" ad aspetti dell'esistente o all'esistente nel suo complesso. Pone diversamente il nesso tra produzione, consumo e distribuzione della ricchezza globalmente prodotta, in questo andando oltre anche quella visione critica che ritiene che il vero problema che dovrebbero affrontare le società sviluppate non è quello dell'aumento della produzione, ma della distribuzione della ricchezza: «Non è un problema di incremento della produzione, che abbiamo risolto con successo. Il nodo reale è come questa ricchezza possa essere distribuita» (Hobsbawm, 1999, p. 80). Rispetto a questa posizione, la decrescita si spinge oltre, sino a proporre una società nuova che muova dalla denuncia degli interessi particolari del capitale che si celano dietro dichiarazioni d'interesse generale, e che metta in discussione pilastri economico-ideologici quale il PIL, indicatore falsamente oggettivo del ben vivere e del ben essere[15], una società dunque dell'implosione virtuosa che si contrapponga a quella dell'espansione non virtuosa. Nello stesso tempo, la decrescita pone la questione, come era già stata considerata da Bobbio, della generale concezione del rapporto con la natura: «Forma spesso inconscia di antropomorfizzazione della realtà naturale» rispetto alla quale «si è passati da una «considerazione della natura come oggetto di mero dominio e docile strumento dei bisogni umani all'idea della natura (anche quella inanimata) come soggetto o come oggetto di utilizzazione non dispotica ma da contenere nei limiti della ragione. Secondo un punto di vista più metafisico-religioso, anche la natura appartiene a un mondo creato non dall'uomo, di cui lo stesso uomo fa parte come soggetto in mezzo ad altri soggetti; un punto di vista più prammatico, utilita-

15. Giorgio Ruffolo, in un godibilissimo e acuto articolo del 12 marzo 1987, scriveva di "Pirlandia": «Infine: a furia di produrre e consumare PIRL, i pirlandesi finiscono per trascurare certe non indifferenti fonti di gratificazione civile: come, ad esempio, l'abitudine di salutarsi quando si incontrano, di aiutarsi tra loro quando sono in difficoltà, di pensare con la propria testa, di fantasticare [...]. Nella prima fase dell'industrializzazione, quando il problema essenziale è la scarsità dei beni, esso costituisce un indice approssimato del benessere. Nelle fasi successive, quando il problema dominante diventa la qualità, esso perde molto del suo significato. Ed altri aspetti economici e sociali entrano allora in gioco, come fattori di benessere... Tutti sappiamo che il Prodotto interno lordo è una misura importante della potenza produttiva di un sistema; ma è anche una misura rozza e fuorviante del suo benessere [...]. Eppure, continuiamo a utilizzarlo, con dotto sussiego, come indice di benessere e di civiltà» (http://ricerca.repubblica.it/repubblica/archivio/repubblica/1987/03/12/ma-pirlandia-tutto-possibile.html, ultima consultazione 28 settembre 2015).

ristico, afferma, dal canto suo che nell'universo finito in cui l'uomo è destinato a vivere, anche le risorse di cui può disporre per sopravvivere sono finite, e quindi debbono essere utilizzate sempre tenendo conto del loro possibile esaurimento» (Bobbio, 1994, p. 13).

La prospettiva della decrescita è dunque quella di una società frugale e sobria, composita e interattiva, decentrata e connessa, nella quale si assisterebbe al ridimensionamento del mercato e del denaro. Una società completamente diversa e alternativa rispetto a quella capitalista e industrialista, che nulla ha però a che fare con quelle del socialismo realizzato o prospettato, altrettanto industrialista quanto quelle capitalistiche. Una società che, per edificarsi, necessita di uno sforzo faustiano all'inverso e di un'intenzionalità educativa importante e articolata.

3.3.1. EDUCAZIONE E DECRESCITA

La questione della decrescita pone ovviamente molteplici interrogativi a chi si occupa di educazione. Non si può non prendere posizione rispetto a essa, soprattutto se la si intende, come precedentemente accennato, come l'ala estrema di una serie differenziata di posizioni che, in ogni caso, esprimono critiche nei confronti degli attuali modelli di sviluppo. La decrescita, ma anche le meno radicali prospettive di sviluppo compatibile, non può che essere generata da radicali ed estesi processi educativi intenzionali, contrapposti a quelli, fortemente educativi e dai diversi gradi di intenzionalità e consapevolezza, tesi a preservare e a praticare così com'è, seppure con qualche aggiustamento, l'attuale modello di sviluppo. Per potersi effettivamente concretizzare, la decrescita, oltre a essere un riferimento intellettuale, necessita di organizzazioni e persone che la pratichino, e che lo facciano in termini di costruzione di prospettiva economica, politica, culturale, ma anche di minuti e individuabili comportamenti quotidiani. Ammesso che la decrescita possa essere considerata l'effettiva risposta alla crisi, l'importante è distinguere tra generica simpatia rispetto a essa, o ad alcuni dei suoi temi portanti, e l'effettiva adesione a essa, il che comporta la necessità di distinguere tra un'educazione che tenda a creare un clima benevolo attorno ad alcuni temi riguardanti la difesa dell'ambiente, la salubrità dei cibi, il riciclo dei materiali ecc., da un'educazione che tenda a stimolare comportamenti orientati dai principi della decrescita, che ben altro sono da quelli propri di concezioni che vogliono lo sviluppo ingentilito ed emendato dalle sue componenti più dannose.

In questo senso, si pone il quesito se l'educazione alla decrescita possa avvenire nelle esperienze di formazione istituzionale e intenzionale (la scuola in primo luogo), oppure se debba essere pensata e praticata in esperienze educative "antagoniste" o "alternative" a quelle ufficiali e intenzionali, non potendo che essere la scuola una componente, seppure non "meccanicamente predeterminata", degli assetti economici e culturali prevalenti. E tale quesito ha come immediata ricaduta l'individuazione dei soggetti collettivi che potrebbero farsi carico di un progetto integrato di educazione alla decrescita, oltre che l'individuazione degli educatori di riferimento (insegnanti, genitori, mezzi di comunicazione, militanti, volontari ecc.).

Per concludere vale la pena considerare un quesito dirimente: quale alleanza di interessi virtuosi potrebbe produrre un progetto educativo di decrescita credibile e creduto? Chiedersi come sia possibile educare a una concezione diversa dello sviluppo, se non a una vera e propria decrescita, se cioè, per stimolare l'acquisizione di valori, saperi, atteggiamenti e comportamenti favorevoli alla decrescita, sia sufficiente educare "illuministicamente" a favore di essa o se sia invece necessario educare anche ad altro o *contro* altro, rifuggendo da quel sospetto unanimismo che dovrebbe tenere insieme mcdonaldiani sensibili e militanti vegani, aziende ripulitesi con operazioni di *green wash* e militanti No TAV.

3.3.2. La demotorizzazione? (forse)

In stretta connessione con la questione della decrescita, ma anche con qualsiasi prospettiva di sviluppo compatibile, si trova la produzione e l'utilizzo di mezzi di trasporto privati a combustione, e questo per la stretta e immediata connessione che si stabilisce con gli stili e la qualità della vita delle persone. Negli ultimi anni si è sicuramente verificata una crisi, quanto meno d'immagine, della motorizzazione, della quale non è del tutto facile individuare la portata e le cause, così come è difficile capire se si tratta di un processo reversibile o irreversibile, e ciò a ragione delle oscillazioni nella vendita e nella circolazione dei veicoli in relazione all'andamento dei cambi tra le valute, del prezzo del petrolio, della possibilità di spese individuali. In ogni caso, a prescindere dalle situazioni contingenti e di breve periodo, si sta verificando una riformulazione educativa dell'immaginario (in particolare in Italia, che negli anni passati ha legato il proprio sviluppo al trasporto su gomma) nel quale allo scenario prevalente della motorizzazione si è aggiunto quello antagonista della demotorizzazione. La delocalizzazione della FIAT, la sua uscita di scena come *produttore prevalente* ("nazional-popolare", potrebbe dire Gramsci), si è associata alla crisi del *consumatore prevalente*, cioè quello legato al mezzo di locomozione individuale. È palese la mutazione del clima educativo: da una diffusa ed esclusiva educazione alla motorizzazione di massa (dalla mitologia attorno la costruzione di autostrade alle campagne pubblicitarie) si è passati a un mix dove, pur continuando la costruzione di autostrade e le sempre più ripetitive campagne pubblicitarie per le automobili, sono presenti anche altre e differenziate offerte di apprendimento consapevole e non, costituite da iniziative e testimonianze di vario tipo: dalla costruzione di piste ciclabili alle generiche campagne di sensibilizzazione.

Tutto ciò concorre a determinare un'incertezza educativa riguardante sia le coorti di persone che hanno vissuto parte della loro vita nel periodo dello sviluppo e della motorizzazione, o che, se non l'hanno vissuta direttamente, nel corso della loro storia di formazione sono stati interessati anche da una narrazione/memorialistica positiva rispetto a tale periodo, sia le coorti di persone considerabili quasi native nel periodo della presunta o reale postmotorizzazione, del postconsumismo o della crisi del consumismo. In ogni caso, ciò di cui un'attenzione pedagogica deve tenere conto è che la situazione si presenta fluida e dagli esiti, in positivo o in negativo, ancora del tutto incerti.

3.3.3. IL RITORNO ALLA TERRA

Una delle manifestazioni più evidenti della disaffezione e della critica alle politiche che ruotano attorno allo sviluppo "industrialista" è costituito da alcune significative forme di "ritorno alla terra". Sono delle novità e, nello stesso tempo, non lo sono, poiché la modernità, sin dal suo insorgere, ha visto costantemente presenti al proprio interno differenziati fenomeni di ritorno alla terra, sia come moto oppositivo radicale sia come tentativo di aggiustamento delle conseguenze dello sviluppo. I moti che si sono verificati in questi ultimi tempi hanno però qualcosa che li ha contraddistinti e resi diversi dai precedenti, a partire dal fatto che si sono manifestati in un periodo già di piena crisi di legittimità e prospettiva dell'industrialismo: ciò ne ha fatto non solo fenomeni reattivi al trionfo della modernità, ma altresì fenomeni che, pur con differenti livelli di convinzione e credibilità, si candidano come una delle componenti della strategia di uscita dalla crisi dell'industrialismo. Entrano "in rete" con tutti quei fenomeni che strutturano la loro critica parziale o totale all'esistente sulla base di temi legati all'ambiente e alla produzione e al consumo di alimenti, e non sono fenomeni che implicano solo scelte di vita radicali e totali di ritorno alla terra, ma anche aspetti parziali e differenziati (per esempio l'avvio di aziende agricole tradizionali o la realizzazione privata e pubblica di "orti urbani").

I fattori che concorrono al successo di questa tendenza, non ancora prevedibile in termini di estensione e durata, sono molti e differenziati. Tra i primi, sicuramente c'è il tentativo di rilancio economico di alcune attività produttive e di alcuni prodotti, sintetizzabile nella difesa del "Made in Italy" agroalimentare, che non si può (o non si potrebbe) produrre o replicare altrove. In questo caso appare la virtuosità di positivi confini "naturali" (e dell'educazione a essi) all'interno dei quali è racchiusa una terra produttrice di cose buone (la "buona terra"). La difesa della terra, soprattutto di quella conosciuta e certificata da una "filiera corta", è cioè anche una reazione alla globalizzazione, alle multinazionali (con le modificazioni genetiche e l'omologazione delle sementi) e all'importazione di prodotti da zone incerte per quanto concerne le modalità di produzione e conservazione. Inoltre, l'educazione alla difesa dei confini della propria terra può integrarsi anche con l'educazione alla bontà dei confini della terra altrui, considerandoli come positivi, come garanti di una diversificazione che può configurarsi in termini di virtuosa rete di entità locali dotate di senso materiale effettivo e visibilità dei propri prodotti[16].

Tuttavia, in senso più metaforico, la terra ha visto una stagione di successo anche per la presenza di formazioni politiche che hanno esaltato il locale con contenuti e modalità da tempo dimenticati, inventando narrazioni nelle quali la terra ospiterebbe eroi e battaglie, e sarebbe santificata dal sangue versato. Un rifugio nella tradizione, anzi nelle molteplici tradizioni parziali, antiche o recenti, reali o presunte che siano, che si colloca nella famiglia dell'antimodernismo, primigenio o tardivo, civile o anticivile, correttivo o reazionario: tutte posizioni

16. Esemplare, in questo senso, l'esperienza di "Terra madre", insieme al contributo di esperienze culturali di spessore e di ampia nicchia quali riviste e associazioni (Slow food), mostre e manifestazioni, fondazioni di università, personaggi pubblici che diventano dei *maitre à penser* (Luigi Veronelli, Carlo Petrini), riviste ("Il Gambero rosso" nasce come supplemento del quotidiano "il manifesto").

queste che hanno posto la questione dei limiti della modernità, dovuti al mancato mantenimento delle promesse o, all'opposto, al loro tragico mantenimento.

Il ritorno alla terra è anche una sorta di ritorno a un premoderno nel quale la terra è materialità, solidità, genuinità, ciclicità prevedibile anche nelle sue imprevedibilità, contrapposta a immaterialità, volatilità, artificialità, aleatorietà del moderno. In altre parole, se solidità deve essere cercata in contrapposizione alla liquidità attuale, tanto vale cercarla dove si presume che essa effettivamente alberghi, cioè nel premoderno e non nel liquefacibile e liquefatto moderno dell'Occidente. In questo senso, il ritorno culturale, metaforico e reale alla terra parrebbe interpretabile anche come una sorta di riequilibrio, in tempi di globalizzazione e deterritorializzazione, tra le dimensioni comunitarie indicate da Ferdinand Tönnies (sangue, luogo e spirito), rivitalizzando quelle di luogo rispetto a quelle di spirito e di sangue (Tönnies, 1979). Nel ritorno alla terra, nelle espressioni di comunitarismo teorizzato o praticato, nella decrescita, in tutte quelle controtendenze rispetto alla globalizzazione "sviluppista", vi sono elementi di riformulazione del rapporto locale-globale che tende alla centralità del luogo concreto, complessivo e unitario rispetto alla frammentazione della vita su una molteplicità di territori deboli e a termine.

Oggi si è al cospetto di un'educazione diffusa alla terra che non vede, come nel caso di molti altri processi educativi, un vero centro organizzatore, quanto piuttosto iniziative di soggetti individuali e collettivi che tutti insieme, pur con differenti ruoli e pesi, concorrono a creare questo clima educativo diffuso favorevole alla terra, e a crearlo anche e negli ambienti educativi formali e ufficiali.

4
Il disincanto pedagogico

4.1
Quale cittadino per il presente e per il futuro?

4.1.1. IL FUTURO NELLA CONTEMPORANEITÀ

L'educare intenzionale e ufficiale funziona alla perfezione (si fa per dire) se inserisce gli apprendimenti auspicati all'interno di un campo di finalità sufficientemente sensate, autorevoli e condivise e se, all'interno delle culture pedagogiche alle quali l'educare intenzionale fa riferimento, si mantiene molto ben chiara e convinta la posizione nei confronti del passato, del presente e del futuro. Posizione chiara, in questo caso, vuol dire collocarsi su un piano di sintesi e mediazione tra posizioni anche molto differenti tra loro, ma che comunque considerano il passato come una contraddittoria fonte di lasciti che deve essere analizzata cogliendone luci e ombre, e che si collega al presente e al futuro in una prospettiva di continuità e discontinuità radicali o di piccolo cabotaggio. Soprattutto si tratta di adottare una posizione che non consideri il passato (ma lo stesso dicasi per il presente e il futuro) come una sorta di tempo-rifugio entro il quale stazionare e in ciò la memoria assume una funzione essenziale. La memoria è educativa, cioè tende a trasmettere informazioni sui saperi e sui modi di fare ed essere, a legittimarli o delegittimarli, ma è anche pedagogica, poiché si candida a trasmettere pensiero e quadri interpretativi sull'educazione, tanto su quella spontanea quanto su quella intenzionale.

Quindi educazione e pedagogia risultano "ben funzionanti" se posizionate in un presente, anch'esso considerato dotato di luci e ombre, che si proietta in un futuro auspicato e "sperato" come migliore, ma non per questo garantito in quanto tale, così come non obbligatoriamente peggiore: un futuro aperto a molteplici possibilità. Educazione e pedagogia funzionano bene se esprimono posizioni che intrecciano passato, presente e futuro a passo di danza, ma è noto quanto possano essere efficaci anche quando si vincolano a una valutazione decisa e netta riguardo all'insieme delle componenti della storia avvenuta, in corso o prospettata, valutazioni, appunto, talmente decise e nette da decretare quale sia il luogo temporale che debba prevalere sugli altri, e con quanta forza e quale intensità debba farlo, decretare quindi come il presente e il futuro possano e debbano essere riedizione o negazione del passato.

Quello pedagogico è un pensiero proiettato nel futuro che, alcune volte, arriva a immaginarlo (onnipotentemente) costruito dalla stessa educazione, altre volte, invece, è un pensiero vincolato dal presente, prodotto per rispondere alla domanda di mantenimento di elementi strutturali o di componenti minute di tale presente. In sintesi, un pensiero che attiva una ricerca più o meno libera, auspicabile, ambiziosa, produttiva, sul senso e suoi modi di "formare" nel presente la donna e l'uomo di un futuro prossimo o lontano, con un rapporto non sempre lineare e funzionale con il passato. I nessi pedagogici tra passato, presente e futuro necessitano di una *condicio sine qua non*, cioè che tale futuro sia prevedibile, quanto meno immaginabile sensatamente, e possieda una sufficiente solidità per fungere da elemento ordinatore per la costruzione dei pensieri e delle prassi pedagogico-educative. In altri termini, qualsiasi educazione che tenda al cambiamento accrescitivo e/o migliorativo delle vite individuali e collettive necessita di un futuro pensabile, auspicabile e ragionevolmente possibile nel quale, più o meno realisticamente, proiettarsi, nonostante non siano certo questi i tempi nei quali sia unanime la convinzione che il futuro goda di ottima salute.

È da molto, infatti, che nelle società sviluppate si assiste a una progressiva, quanto a volte frettolosa, opera di "revisione" riguardo ai nessi tra passato, presente e futuro. Prima si è verificato il passaggio da un'idea di futuro gravido di promesse (politiche, scientifiche, tecniche), tanto auspicabili quanto progressivamente realizzabili, a un'idea di presente eterno senza passato e futuro; poi si è verificato il passaggio dal presente eterno e svincolato da altre dimensioni temporali a un'idea di futuro gravido sì, ma questa volta non di promesse, bensì di poco auspicabili prospettive economiche, ambientali, di convivenza civile. È come se il futuro, in alcune concezioni di esso, si fosse preso la sua rivincita rispetto all'eternizzazione del presente ma, al posto di configurarsi come luogo ospitale, fosse diventato luogo inquietante e poco accogliente.

La modernità fordista capitalista ha inglobato in sé la percezione di una progettualità di lungo periodo (quel futuro gravido di promesse) metaforicamente rappresentata e materialmente costituita dalla fabbrica costruita per durare, dalla produzione industriale pensata in espansione continua, dalle dinastie familiari con passato e futuro dato per scontato, una progettualità in grado di generare "narrazioni" credibili anche se antagoniste tra loro, com'è stato il caso del conflitto tra capitale e lavoro. Un'idea di futuro fordisticamante impostato che si è pedagogicamente mostrato anche in percorsi di formazione modulari e con promesse di prospettive professionali dopo l'istruzione, e tutto ciò come modello di riferimento, a prescindere dalla praticabilità, e dall'effettiva pratica, di tale percorso.

La modernità postfordista ha modificato completamente la dimensione del futuro, diventato di breve periodo e corta immaginazione, e del presente, costellato quest'ultimo da oggetti materiali e immateriali a rapida obsolescenza, capitale finanziario investito e disinvestito in tempi brevi per una prospettiva di realizzo immediato (l'eterno presente).

Esauriti i modelli della "modernità tradizionale" (e forse anche della cosiddetta postmodernità), quali sono i modelli attualmente proposti, in una società impegnata a far svanire sempre più velocemente nell'aria tutto ciò che è "sovrastrutturale"? Nella quale "tutto ciò che è solido svanisce nell'aria", per riprendere il titolo italiano di un libro di Marschall Berman che ripropone la nota pagina del *Manifesto del partito comunista* di Marx ed Engels (Berman, 2012). Non esistono modelli forti, e quindi si apre la gara alla ricerca di altri modelli o, quanto meno, di linee di orientamento funzionali alla definizione di un certo modo auspicabile di "dover essere" nella contemporaneità. La mancanza di modelli forti, da un punto di vista pedagogico, non costituisce una iattura in sé (molte educazioni ai modelli forti hanno contribuito a scrivere pagine difficili, se non del tutto oscure, della storia), ma rappresenta una possibilità di smarrimento e anche di arrendevolezza da parte dell'educazione intenzionale ufficiale nei confronti di alcune componenti dell'educazione sociale, rispetto alle quali si scopre incapace o impossibilitata, vuoi per debolezza di proposta vuoi per insufficienza metodologica, nel proporre un modello ufficiale-istituzionale convincente rispetto agli altri circolanti.

La mancanza di solidi modelli di riferimento ai quali indirizzare gli sforzi educativi, si lega al gioco della pluralità e dell'omologazione che caratterizza la contemporaneità, pone l'esigenza della ricerca di nuovi instabili equilibri tra, per esempio, identità forti e identità deboli, radicamento monoterritoriale e movimento multiterritoriale, certezze instradanti e incertezze altrettanto instradanti. La crisi dei modelli (realisticamente proponibili) riporta ancora la riflessione alla questione del futuro immaginabile e auspicabile. Il futuro però, soprattutto quello di lungo periodo nei paesi sviluppati, è in crisi per due ordini di motivi. Il primo poiché non si intravedono scenari di società future che non siano lo sviluppo, o la regressione, quantitativo-qualitativo di alcuni aspetti dell'attuale; non si riesce cioè a prospettare società radicalmente diverse, a meno di non immaginare scenari fantascientifici (ma non per questo non credibili) di società altamente trasformate in senso tecnologico, piuttosto che di società impoverite o conflittuali. Il secondo poiché (come detto) il futuro è a breve e, in quanto tale, cessa di essere quel futuro rispetto al quale è possibile impegnarsi strategicamente.

Ilvo Diamanti, in un articolo su un quotidiano sul quale è egli solito pubblicare, riprendendo e collocando il dibattito sulla crisi e la fine del futuro attorno alle sorti del governo Letta allora in carica, sottolinea che il futuro ideologico dei partiti della prima repubblica, intriso com'era dalle grandi narrazioni di quella fase, era di lungo periodo, mentre il futuro attuale, se si intravede e viene indicato, è un futuro a brevissimo periodo, non oltre qualche mese (Diamanti, 2013). Secondo Castoriadis, siamo al cospetto di «assenza di progetto. E questo vale tanto per l'individuo quanto per la società nel suo insieme. Perché trent'anni fa, o sessant'anni fa [l'intervista è del 1986, *N.d.A.*] le persone di sinistra ti parlavano del Gran Giorno della rivoluzione, le persone di destra ti parlavano del progresso infinito, e così via. Oggi, nessuno osa formulare un progetto ambizioso o anche solo moderatamente ragionevole che vada al di là della legge di bilancio o delle prossime elezioni. Insomma c'è un orizzonte temporale limitato» (Castoriadis, Lasch, 2014, pp. 11-2).

4.1.2. MANCA UN CUORE

Il libro *Cuore* di Edmondo De Amicis è stato uno dei libri più importanti che siano mai stati pubblicati e letti nell'Italia postunitaria, estendendo la propria influenza anche oltre le discontinuità degli anni Sessanta, sino a quando non è iniziato il suo declino per l'ormai conclamata improponibilità dei contenuti e per gli effetti iatrogeni che generava. *Cuore* è un libro dalla doppia lettura (individuale e sociale) e, come sottolinea Domenico Starnone (2011), alla prima lettura si può piangere, alla seconda, dopo anni dalla prima, si può ridere. Nel libro è esplicito, addirittura didascalico, l'intento di formare il nuovo cittadino dell'Italia unificata e, in questo senso, l'autore non può certo essere accusato di avere celato i propri intenti educativi. Non entrando, ovviamente, nel merito di quello che allora veniva considerato un buon cittadino né delle "virtù" dalle quali era, o avrebbe dovuto essere, caratterizzato, è possibile chiedersi come mai non è stato scritto, e molto probabilmente non lo sarà mai, qualcosa che possa costituire un altro libro *Cuore*. Il testo di De Amicis è stato fondamentale poiché ha assolto importanti funzioni educative, non tanto per gli effettivi esiti apprenditivi delle storie in esso contenute, quanto per le speranze in esso risposte da chi era coinvolto in qualità di educatore, cioè per il quadro di senso che ha fornito all'educare intenzionale. Oggi il libro è improponibile in quanto "trattatello pedagogico" (direbbe Pasolini), quindi diventa, a uno sguardo pedagogico curioso e laico nell'approccio, solo un romanzo di testimonianza, che contiene, però, anche la risposta alla domanda sul perché non si scrive, e molto probabilmente non si scriverà mai, un suo equivalente attuale. Risposta che rimanda alla questione della presenza o dell'assenza di un modello, o di modelli, di buon cittadino e buona cittadina.

L'educazione è sempre stata il luogo, come detto, nel quale si è praticata la ricerca di un difficile e mobile equilibrio tra socializzazione e individualizzazione, conformazione e liberazione, esigenze individuali ed esigenze sociali, aumento e riduzione dell'autonomia dei soggetti destinatari. Difficile tentare di avviare una riflessione sul senso dell'educare nella crisi della contemporaneità se non si assume come orientamento progettuale tale ricerca di equilibrio, seppure ciò comporti l'addentrarsi in molte criticità, conflitti, reciproci riconoscimenti e disconoscimenti, tra tutti i soggetti che, in qualche modo, sono coinvolti dall'educare. Una ricerca di equilibrio che fa i conti oggi con alcune criticità aggiuntive, in particolare con la difficoltà a delineare, come accennato, modelli sufficientemente solidi, convincenti, acquistabili e vendibili di *buon* cittadino all'interno di una *buona* società, formato da un *buon* percorso di crescita che tenga insieme "fasi" della vita sufficientemente decifrabili e delineabili.

Dunque, quale tipo di "uomo" e quale tipo di "donna" nel presente e nel futuro della contemporaneità? Già il fatto che siano utilizzati, seppure non in tutti gli ambienti, un pensiero e un linguaggio che pongono la questione della differenza di genere anche per indicare l'insieme degli umani, molto dice sulla necessità di ampliare e differenziare i percorsi di ricerca rispetto al soggetto/tipo auspicato. Se mai, da quando il "soggetto" ha smesso di essere "creatura", vi siano effettivamente stati tempi nei quali è stata prevalente un'idea (delle idee) dominante di persona, oggi questo non parrebbe più possibile. Il tipo umano auspicato, quanto meno da una parte significativa dei componenti una data società in un dato periodo storico, non pare oggi essere delineabile deduttivamente, ma neppure pare esservi la possibilità di ricostruire induttivamente un idealtipo sufficientemente diffuso e consolidato, e questo è intrecciato anche con la consapevolezza che le persone e la società tutta hanno del loro rapporto. Infatti, secondo Franco Cambi, «abitare il disincanto implica un soggetto più libero, più autonomo, più creativo, più responsabile», la società stessa, in quanto «pluralistica, democratica, capace di integrare le diversità e di arricchirsi attraverso le differenze, ma anche come società dell'innovazione continua nell'economia, nel lavoro, nello sviluppo tecnologico», una tale società «reclama un soggetto/individuo/cittadino che resti aperto su se stesso per tutto l'arco della vita», un soggetto «capace di apprendere, di rinnovare le competenze, di trasformare la mentalità, di costruire sé stesso» (Cambi, 2009, pp. 69-70). Nella contemporaneità, quel soggetto sta «solo, davanti a un mondo "privo di senso", ma impegnato, pur nella sua finitezza, nella sua debolezza, a introdurre senso attraverso l'azione di una progettualità non garantita» (ivi, p. 17), «antropologicamente siamo davanti a un soggetto individuo che si fa carico del proprio orientamento di senso e lo fa formandosi nell'autonomia/responsabilità/progettualità» (ivi, p. 26). È alla formazione di questo soggetto *reclamato* dalla società attuale che la pedagogia deve fare riferimento per un'educazione che sia sempre più formativa. Mentre da un lato Cambi propone dunque un modello verso il quale la pedagogia può orientarsi, d'altro canto pare delinearsi un punto di (apparente, reale, desiderato, mistificato) non ritorno pedagogico rispetto al passato, cioè l'impossibilità di indicare, quanto meno esplicitamente e con convinzione, un qualche modello forte di uomo e donna che possa proporsi per il futuro. Ma anche la constatazione attorno alla mancanza di modelli forti a uso pedagogico deve essere contestualizzata geograficamente, culturalmente, temporalmente: non paiono essere modelli deboli quelli espressi dall'integralismo religioso, dal lepenismo e da tutte le altre posizioni reazionarie presenti tanto in Occidente quanto in Oriente, e neppure deboli appaiono i modelli prodotti nelle zone del mondo interessate da un imponente e accelerato sviluppo economico.

La questione relativa all'impossibilità di delineare un modello si connette strettamente con il tema della cittadinanza. Oggi la domanda principale che si pone a un'attenzione pedagogica che non voglia sbrigativamente risolvere il tutto asserendo le bontà di una qualche forma di edulcorata e (ovviamente) partecipata e attiva cittadinanza è strettamente connessa al modello (modelli) che possa costituire un riferimento per la formazione: quale cittadino formare, e all'interno di quale città farlo? Sono quesiti che non possono essere sciolti dalla pedagogia, poiché sono di natura strettamente politico-culturale e riguardano senso e modo di essere della *polis*. È necessario però chiedersi quali sono i tratti generali sufficientemente condivisibili, e concordati con una parte rilevante di attori sociali, che potrebbero essere proposti con sufficiente convinzione e credibilità a coloro che educano e a coloro che sono educati, tanto da farli ritenere tratti sufficientemente universali, seppure se temporalmente e geograficamente collocati. L'esaurimento o la trasformazione radicale della modernità ha avuto come conseguenza la crisi di quei modelli di cittadino e di pratica teorica della cittadinanza che le sono stati propri e che avevano sostituito o modificato radicalmente i modelli precedenti. Nella contemporaneità si è assistito, e si assiste, alla proposizione di modelli tanto (apparentemente) deboli quanto a tutto tondo, alcuni somigliantisi, altri profondamente diversi tra loro, pur con rilevanti punti in comune, altri invece del tutto antagonisti. Modelli prodotti, raccolti, rielaborati, restituiti, distribuiti soprattutto dalla TV, dal web, dall'informalità, dal tam tam, modelli negativi se esaminati da un punto di osservazione democratico, quali per esempio il cittadino corrotto, quello criminale, il localista, ma anche modelli positivi rappresentati da colui che, in qualche modo, possiede un'idea del bene comune e tenta di praticarla.

Le condizioni e le caratteristiche della cittadinanza, come detto, non possono essere certo definite in ambito pedagogico, ma è all'educazione ufficiale che spetterebbe il compito di promuovere l'apprendimento di valori, saperi e competenze specifici e aspecifici atti a praticare la cittadinanza auspicata e possibile in quel contesto; e, nello stesso tempo, ridimensionare le esperienze educative nelle quali non si acquisisce la pratica di cittadinanza auspicata o se ne acquisiscono di superate e di non idonee.

Proporre cittadinanza significa avere dunque un modello di soggetto che incarna il dare/avere della cittadinanza stessa, e che plasma ed è plasmato da tale dare/avere, significa proporre cioè un dinamico gioco di diritti e doveri che la caratterizzi e ne consenta, o ne limiti, il movimento. È questo il nodo che deve affrontare la ricerca (politica) pedagogica, non quello della ricerca delle didattiche (scolastiche ed extrascolastiche) più efficaci.

Cambi, riflettendo rispetto a una delle dimensioni di problematicità, del rapporto tra locale e globale, scrive che «la cittadinanza non né più una condizione di quiete: semplice, equilibrata, stabile», infatti «essere cittadini vuol dire, oggi, abitare una città sottoposta all'integrazione con il mondo [...] sempre meno connessa a identità locali e sempre più in via di comunicazione con un orizzonte sociale sempre più articolato e asimmetrico» (Cambi, 2009, p. 100). In tale contesto, quale può essere il modello o i suoi tratti principali? Quello del cittadino che ricava maieuticamente da sé stesso, e magari solo per sé stesso, un qualche modo auspicabile di essere? Quello del cittadino che l'educazione rende talmente libero da potersi modellare secondo un proprio progetto di vita? Il cittadino delle competenze? Il vincente? Il chino sui dolori altrui? Colui che ha lo sguardo fisso verso il proprio ombelico? Un po' di tutto questo, a seconda della bisogna? Si potrebbe affermare che rispetto alla cittadinanza esiste un punto di non ritorno rispetto al passato, cioè che non vi è alcuna possibilità di indicare, quanto meno esplicitamente e con convinzione, il modello forte di cittadino e cittadina per il futuro.

4.2 Il soggetto promotore del cambiamento educativo-pedagogico

Tra le domande precedentemente poste (cfr. PAR. 1.3) ve ne è una che potrebbe rivelarsi "la madre di tutte le domande", cioè quella riguardante i soggetti dell'educazione. È una domanda relativa non tanto ai destinatari dell'educazione (pur se, anche questo, non sempre si riveli del tutto chiaro) quanto ai soggetti che producono, o da cui derivano, cultura, strategia, organizzazioni e prassi educative, cioè al *chi educa*. Il riferimento non è ad alcune categorie di tecnici dell'educazione o agli educatori in senso lato (insegnanti compresi), e neppure alle organizzazioni che costituiscono il front line dell'educare (la scuola, i servizi socioeducativi ecc.). In questo caso, per soggetto dell'educazione si intendere il soggetto politico-sociale-culturale che, in relazione ai propri bisogni e interessi, alla propria visione del mondo e ai valori che comprende, si dota di una strategia educativa per riprodurre o modificare gli assetti esistenti.

La domanda attorno a chi educa e/o dovrebbe educare diventa lo stimolo che organizza una sequenza complessa di ulteriori domande in un percorso di ricerca a "360 gradi": i motivi che spingono tali soggetti a educare, i loro obiettivi, i destinatari dell'educazione; come, dove e quando tali soggetti dovrebbero educare; se e quali conflitti si attivano. Sono questioni che contribuiscono a costruire l'ossatura di senso che regge insieme i processi educativi intenzionali, considerati nei loro differenti livelli di formalizzazione.

In altri termini, in una qualsivoglia riflessione pedagogica, può risultare relativamente chiaro chi è il *loro* educato, molto meno chiaro risulta essere da chi è costituito il *noi* educante. *Loro* sono un individuo, un gruppo sociale, una classe scolastica, una classe economico-sociale, un'organizzazione, una categoria professionale, un settore di popolazione, i giovani di un quartiere sensibile, l'umanità tutta. Il *noi*, invece, da chi è costituito? È una domanda che obbliga a delle risposte dirimenti, perché la prospettiva educativa si forma, manifesta e agisce se è progetto di soggetti collettivi in grado di possedere/esprimere sufficiente solidità, comunanza di interessi, elementi strutturali comuni per esercitare un'egemonia non solo culturale nei confronti dell'insieme della società e per attivare processi di cambiamento e/o di stabilizzazione dell'esistente.

La ricerca e l'individuazione dei soggetti che, singolarmente o in connessione con altri, *motu proprio* o attivati da intenzionalità esterna, innescano processualità pedagogico-educativa, è necessaria per ridurre il rischio che i contenuti di tale processo diventino delle esortazioni *urbi et orbi* rivolte all'umanità tutta, o ad alcuni impersonali e non meglio identificati soggetti, o per evitare che il tutto si appoggi sulle spalle di poche categorie di educatori.

Nella contemporaneità, non solo per quanto riguarda il campo pedagogico-educativo, si pone la questione dell'effettiva presenza, oltre che della possibilità di individuazione, di quelli che potrebbero essere i soggetti collettivi educanti, e questo in particolare dopo la rottura dell'alleanza storica che ha dato vita al welfare state. Oggi, utilizzando ancora la distinzione tra la "classe in sé" e la "classe per sé", potrebbe dirsi che si è davanti non solo alla carenza di "soggetti per sé", ma anche alla carenza di "soggetti in sé", a meno che il tutto non si risolva in un generico riferimento a soggetti semi-eterei quali l'opinione pubblica, gli uomini e le donne di buona volontà variamente e temporaneamente definiti, oppure a una non meglio definibile "comunità nazionale" (adesso anche sovranazionale o sottonazionale) che troverebbe nello Stato e nelle sue articolazioni specializzate e periferiche la formula organizzativa dell'educare intenzionale. Alla difficoltà di individuare soggetti collettivi educanti, si aggiunge un'ulteriore considerazione: la frammentazione sociale è un processo complesso che ha dato luogo a condizioni comuni (precariato, proletarizzazione dei ceti medi, impoverimento), però tali condizioni non sono in grado di generare in sé una sufficiente "coscientizzazione" (per usare un'espressione freiriana). La questione non è di poco conto e neppure di recente conio. La sequenza (non meccanicamente intesa) condizione comune → percezione di tale condizione comune → strategia di rivendicazione comune → azione trasformativa nei confronti del reale è sempre stata presente nella pedagogia formale e informale, ma oggi non sembra attuarsi né per autogenerazione, né per l'intervento di quegli agenti esterni che, di volta in volta, nel passato hanno assunto le forme del profeta, del partito, dell'attivista, del sindacato, della Chiesa, dell'organizzazione rappresentativa di interessi particolari ecc.

Tutti ciò rivela l'impoverimento di soggetti generali "forti", dissenzienti o antagonisti dell'esistente e nello stesso tempo l'arricchimento di soggetti deboli, a tempo, parziali, e il tutto si mostra anche nella produzione culturale. Michela Nacci sottolinea che i protagonisti della cultura «non sono più le idee astratte, né l'intellettuale ne è il produttore unico: emergono nuovi prodotti, soggetti nuovi tra autori e fruitori». I nuovi soggetti sono «i giovani, le donne, i consumatori, gli immigrati, e poi categorie inedite come i precari e i lavoratori flessibili»; i nuovi prodotti sono «canzoni, film, fumetti, installazioni, siti, blog». Cambiano i soggetti studiati dalla storia culturale, *in primis* si sono «abbondonate le classi sociali», inoltre «si è passati dalle élite (della competenza, del governo, del sapere) alla gente, dal grande autore all'autore minore o di successo, dal pubblico selezionato all'opinione pubblica, dal soggetto sessualmente neutro a soggetti differenziati per genere o per generazione, con un'attenzione sempre più marcata per i fenomeni locali, del piccolo gruppo, personali» (Nacci, 2009, pp. 99-100). In questo contesto di aleatorietà può essere sufficiente un "discorso" (il nome che genera la cosa) per creare o ridimensionare, valorizzare o negare l'esistenza di soggetti generali? La risposta sembra proprio essere affermativa, dal momento che, per esempio, le classi sociali si sono profondamente modificate o geograficamente riposizionate, ma il *non* discorso su di loro le ha fatte addirittura sparire (Gallino, 2012b), così come il soggetto neoqualunquista, "la gente" (versione plebea dell'opinione pubblica), è stato creato dal discorso culturalmente e politicamente meticcio attorno alla presunta esistenza di un tale soggetto.

4.2.1. DALL'INDIVIDUO AL GRUPPO, ALLA SOCIETÀ TUTTA

Quali sono allora i soggetti candidabili a promuovere un cambiamento possibile dell'esistente, o almeno a organizzare forme di resistenza all'attuale "trionfo" del capitalismo e delle logiche imprenditoriali e di mercato, soggetti che siano rintracciabili anche nell'ambito dei promotori o degli aderenti alle prospettiva di uscita dalla crisi rappresentate dal comunitarismo o dalla decrescita? (cfr. PARR. 3.2-3.3). È la sempre fantomatica opinione pubblica delle democrazie liberali, che si manifesterebbe attraverso gli organi di informazione che ne rappresenterebbero parti più o meno consistenti, sono i sondaggi d'opinione, la sommatoria dei pareri degli opinion leader, i commenti sul web? Sono gli indignati manifesti o latenti, il popolo di qualche colore, i marginali e/o trasgressivi irriducibili? Oppure il tutto nascerà da giovani ribelli tanto virtuosi e simpatici, quanto evanescenti e inconcludenti, come quelli malamente rappresentati nel film musical *I miserabili*?[1] È necessario chiedersi ancora: il cambiamento sociale può nascere grazie alla sommatoria di posture e iniziative individuali? Carlo Revelli cita un'intervista al collettivo Wu Ming, in cui si afferma «non basta il virtuosismo individuale [...] non devi cambiare la pattumiera di casa, devi cambiare il mondo ridotto a una pattumiera» (Smargiassi, 2013, cit. in Revelli, 2014b, p. 80). La posizione espressa nella frase è molto chiara: per poter cambiare il mondo non è sufficiente uno sguardo d'azione rivolto al proprio ristretto e privato

1. *I miserabili* (*Les miserablés*), di T. Hooper, Gran Bretagna, 2013.

spazio, è bensì necessario compiere un salto concettuale e operativo e produrre una consapevole e altrettanto operativa strategia di cambiamento della società tutta. Il virtuosismo individuale del cambiare la pattumiera di casa ricorda un'analoga esortazione riguardante lo spazzare davanti al proprio uscio per avere la città pulita, ovvero l'insegnamento "chi salva una vita salva il mondo intero": tutte posizioni onnipotenti e impotenti, vere e false nello stesso tempo, senza possibilità di mediazioni né di sintesi (Tramma, 2008). La questione posta da alcune delle precedenti affermazioni è quella dell'orizzonte di riferimento entro il quale collocare l'assunzione di responsabilità e l'impegno individuale. Stare nella propria ristretta dimensione relazionale (*vis-à-vis*) cambiando le pattumiere individuali, al più condominiali o di *social street*, sperando in una progressiva crescita di tale azione sino a diventare una rete mondiale in grado di risanare la pattumiera mondo? Oppure pensare di andare oltre l'atto individuale (pur non dimenticandosi di farlo), per fare un salto di qualità e pensare all'esistenza o meno di soggetti collettivi in grado di intervenire su temi che vadano oltre il minimale o il locale?

4.2.2. L'EPIDEMIA EDUCATIVA E IL MEDICO ZERO

Scrive Fofi (2009, p. 134): «Uno dei doveri [delle minoranze] è quello dell'esempio, chiamiamolo del contagio: ti comporti diversamente, operi diversamente perché altri prendano esempio e possano verificare e perfezionare i modelli che tu proponi nei fatti in altre situazioni, anche in ambiti molto diversi». Tutto partirebbe dal piccolo, dallo straordinario che si cela nell'ordinario quotidiano, e il mondo nuovo potrebbe quindi nascere da microsoggetti autonomi che produrrebbero un sentire, un agire comune, partendo dall'acquisizione-scoperta della condivisione individuale e di piccolo gruppo di alcuni fondamentali tratti valoriali. Per analogia inversa, si pensi al caso del "paziente zero", che si cerca a contagio ormai avvenuto per tentare di ricostruire l'origine e il percorso di diffusione dell'epidemia: è il risultato (l'epidemia) che induce a pensare che da qualche parte ci sia stato qualcuno o qualcosa dal quale tutto è cominciato. Anche nel caso dell'individuazione di soggetti in grado di produrre strategie educative per modificare l'esistente, si presenta la questione del paziente zero, ma in termini completamente rovesciati; infatti, il paziente zero non è l'origine del danno ma del rimedio e, soprattutto, non è paziente ma "medico", ovvero è positivamente connotato. Il "medico zero", cioè l'inizio di quello che si è diffuso o deve diffondersi è in questo caso l'esperienza esemplare, la buona pratica, l'atto di pura volontà, la parola detta, l'idea giusta: si deve solo aspettare che il virtuoso contagio si trasmetta dal medico zero a settori sempre più estesi di popolazione, organizzazioni, culture, metodologie, prassi. E si trasmetterà più o meno velocemente e convincentemente, in relazione al metodo di trasmissione utilizzato e alla capacità di superare le (in questo caso) negative difese immunitarie dell'ambiente e degli individui. È l'idea della trasformazione lenta ma inesorabile avviata da una minoranza che si ritiene virtuosa levatrice di una concezione o, laddove si realizza, di una pratica educativa a tutti gli effetti. È un'educazione che può avvenire grazie a molti strumenti di "trasmissione per contagio": l'esempio, la testimonianza, la messa in rete di esperienze diverse, il fascino esercitato dall'esperienza esemplare, la comunicazione sussurrata, la relazione 1 a 1 ecc.

Nello stesso tempo, l'epidemia virtuosa può assumere le sembianze della capacità di costruire una rete di iniziative che può somigliare a quella mostrata ad Aza, una delle protagoniste del discusso libro di Luca Rastello: «Cooperative di lavoro, comunità di accoglienza, atelier d'arte spicciola, falegnamerie, tipografie, vivai, allevamenti», che si presentano come «piccoli mondi adagiati al fondo di piccole valli, agitati come piccoli ranch californiani», oppure quelle «belle e silenziose fattorie abitate da famiglie allargate, attrezzate ad accogliere qualunque disagio: droghe, malattie, maternità non volute, traumi infantili o combinazioni complicate di tutte queste tragedie» (Rastello, 2014, p. 82). In questo senso l'altalenante interesse (già citato) nei confronti di Ivan Illich è sintomatico, e in alcune sue componenti sembra la riattualizzazione/reinvenzione di quel mondo degli anni Settanta che nella descrizione di La Cecla era chiamato «alternativo», fatto di «freak, di comuni agricole, nuovi artigiani, spazi autogestiti e autocostruiti», un mondo che «nulla doveva alla vecchiaia e alla decrepitezza della sinistra di quegli anni», una sinistra che faceva male i conti con «violenza e la caduta delle ideologie» (La Cecla, 2013, p. 16).

Al di là del rischio di anacronistiche riesumazioni, un mondo che si costruisce progressivamente, che "cambia l'uomo" uno a uno per potere cambiare la società tutta, pone il significativo problema di come il tutto possa armoniosamente mettersi in una rete sempre più ampia, come visione condivisa e progetto comune.

4.2.3. LA SOLUZIONE "INDIGNATEVI!"

È di alcuni anni or sono l'istantaneo e breve successo in Francia del phamplet *Indignatevi!* scritto da Stéfan Hessel (2010)[2]. Bauman (2012, pp. 86-7) lo cita esplicitamente, rimarcandone l'importanza e il successo conseguito, dovuto all'aver trovato la parola per dare un nome a un sentimento diffuso. La soluzione "Indignatevi!" è un'esortazione di puro carattere intellettuale rivolta a chi, con diverse modalità, dovrebbe trasformare questa esortazione in programma politico di movimento o istituzionale, oppure il nome dato (per esempio in Spagna) a movimenti politici che non hanno, o non hanno ancora, collanti identificativi riconducibili alle tradizionali categorie politiche. Indignazione dunque come moto oppositivo nei confronti degli eccessi del presente, che non pretende, o forse non è in grado o non ha alcuna intenzione di pretenderlo, di costruire un'alternativa sistemica, strutturale e di lungo periodo.

È da Fofi che si può ricavare una lettura critica del fenomeno dell'indignazione, che non si fa prassi e programma politico: «L'indignazione è una merce molto facile da usare, anche perché ti fa sentire dalla parte della ragione e ti dà un nemico con cui prendertela, ti evita di fare i conti con te stesso, con le tue complicità, con le tue menzogne» (Fofi, 2009, p. 37).

4.2.4. I MOVIMENTI

Se si osservano i movimenti dissenzienti e antagonisti nazionali e internazionali che si sono sviluppati nei paesi occidentali negli anni successivi alla guerra fredda, si evidenziano la grande intensità, i lasciti diffusi, la capacità di condensare e dare un nome a segmenti di problematicità diffusa, ma nello stesso tempo la loro breve durata e l'incapacità di darsi una struttura e una strategia. Sono stati movimenti a tempo, frammentati, mobilitati da interessi generali o particolari, impossibilitati a dotarsi di una visione e una strategia unitarie e di lungo periodo. Movimenti consapevolmente antagonisti o fortemente critici rispetto

2. In Francia Hessel è considerato un padre della patria, ha scritto l'opuscolo in tardissima età, quasi a costituire un'esortazione-lascito rivolta alle generazioni più giovani rispetto a quelle che avevano partecipato alla Resistenza. Logicamente il successo del libro ha stimolato, in Francia come in Italia, oltre a dei sequel, anche polemiche e vari tentativi di confutazione o tentativi di andare oltre il solo indignarsi (indignarsi non basta, indignarsi e poi?, indignarsi è giusto ecc.).

a settori dell'esistente, oppure semplicemente migliorativi rispetto a esso, anche movimenti che non sono riusciti ad andare oltre la testimonianza. Da un insieme di soggetti diversificati, a tempo, "a progetto", con una logica a rete, può derivare un soggetto forte in grado di incidere nel reale e non solo nel (pur reale) immaginario?

4.2.5. LA PLURALITÀ DEI SOGGETTI

Accanto ai movimenti, cioè a posizioni politiche che, indipendentemente dalla loro durata e configurazione organizzativa, sono intenzionalmente critici e oppositivi nei confronti dell'esistente e delle sue derive liberiste, vi sono soggetti che possono potenzialmente costituire una sorta di costellazione antagonista in ragione del loro posizionamento economico, sociale, culturale. In questo senso, è interessante la prospettiva esplicitamente indicata da Latouche che, per rispondere alla domanda attorno al soggetto promotore della decrescita, una volta constatata l'impossibilità di affidarla a quella che nella modernità è stata considerata la classe antagonista al capitale, cioè il proletariato, rielabora una dichiarazione del subcomandante Marcos relativa ai soggetti potenzialmente coinvolgibili in progetti antagonisti rispetto agli attuali assetti economici globali e locali. Marcos ne elenca quasi sessanta, che vanno dalla casalinga al clown, dal lavamacchine all'omosessuale (Latouche, 2011, p. 26), una quantità di soggetti numericamente impressionante, che potrebbe facilmente essere aumentata di molto sino a comprendere l'insieme dei soggetti che compongono l'umanità, ma anche diminuire notevolmente se le distinte identità elencate sono pensate caratterizzati la stessa persona.

La lunga lista di Marcos e Latouche è caratterizzata dagli stessi problemi di eccesso di discrezionalità che affligge molte altre liste, come per esempio la lista della tipologia ISTAT delle organizzazioni non profit italiane, all'interno della quale sono comprese organizzazioni che tra loro «c'entrano poco o nulla e non si capisce perché queste realtà dovrebbero essere considerate parte dello stesso fenomeno» (Moro, 2014, p. 45). Ma, forse, è "la vertigine della lista", come recita il titolo di un libro di Umberto Eco (2009), o la conseguenza del fascino che da sempre esercita la celebre lista di Jorge Luis Borges (1984, p. 1002).

Allora, forse, la difficoltà a individuare il senso e la logica della costruzione di una lista di soggetti candidabili alla promozione del cambiamento, potrebbe portare a cercarli tra coloro che, secondo Berman

(2012, p. 40), attualizzando e rielaborando le posizioni di Marcuse, sono estranei (o tali si ritengono o sono ritenuti) alle posizioni o ai processi di centralizzazione, integrazione e consumo. In questo caso, potrebbe essere utile pensare che nonostante la frammentazione dei soggetti sociali e la marginalizzazione di molti di essi, si possa giungere a solide identità, portatrici di progetti trasformativi, attraverso la sommatoria di dissenso, devianza, emarginazione, insoddisfazione. Nella già citata intervista immaginaria a Marx, davanti alla domanda posta dall'intervistatore se attualmente si sia al cospetto del trionfo del capitalismo, Sassoon (2014, pp. 40-1) risponde attraverso l'immaginario Marx: «Non essendo questo un sistema dove tutti possono vincere, ci sarà resistenza», una resistenza intrapresa da «piccole sette che giocano alla rivoluzione. O il gruppo dei "no global" [...]. Un misto di tentativi frammentari. Ma meglio di niente. Almeno si oppongono al capitalismo, ma non cambieranno il mondo, e men che meno lo spiegheranno».

4.2.6. IL SOGGETTO SCUOLA

In un racconto di De Amicis pubblicato nel 1892 si narra della maestra Faustina Galli, che fu molto contenta quando ottenne il trasferimento da una scuola posta «in un sobborgo popolare della città» in una scuola più centrale e, presumibilmente, "per bene", e fu contenta perché «i parenti dei suoi alunni, quasi tutti braccianti e erbivendole, le rendevano dura la vita». Si noti bene, non che ella «disprezzasse il popolo, che l'amava per istinto e sentimento cristiano; ma ai padri che entravano in iscuola con le mani in tasca a bestemmiare per una penna perduta e alle madri che le venivano a domandar ragione d'un castigo coi pugni sui fianchi e col frasario mercantino alla bocca, non si poteva accomodare il suo animo forte, ma delicato, intrepido davanti a un pericolo, tremante sotto una villania». Inoltre, il «turpiloquio incorreggibile di quei ragazzi, nati, si può dire, e cresciuti per la strada, e più il veder la sua opera creativa continuamente contrastata e resa presso che nulla dal malvolere o dal mal esempio delle famiglie, erano per lei un tormento che non aveva la forza di reggere» (De Amicis, 2013, pp. 17-8). La maestra Faustina Galli non avrebbe mai immaginato di trovarsi tanti anni dopo in compagnia di *Monsieur Lazhar*[3], il quale (nella retorica un po' scontata del maestro non titolato più maestro di quelli titolati) riceve, da parte dei genito-

3. *Monsieur Lazhar* (*Bachir Lazhar*), di P. Falardeau, Canada, 2011.

ri di un'alunna della classe nella quale insegna, un invito cortesemente maltrattante: «Si limiti a fare il professore e insegnare, piuttosto che educare i nostri figli». E volendo, anche in compagnia del più nobilitato professor Keating dell'*Attimo fuggente*[4], anche lui osteggiato dalle famiglie. Una serie di insegnanti che, in ambito letterario e cinematografico, esprimono la continuità del disagio dell'educare e la criticità della sempiterna e alterna ricerca dell'alleanza tra insegnanti e genitori.

Il soggetto promotore del cambiamento sociale potrebbe essere la scuola come incarnazione di una soggettività pedagogica originaria e non derivata? Ritenere che la scuola possa essere, attraverso la formazione di soggetti cui è destinata, l'esperienza prevalente nella quale si gettano le basi per la costruzione di una buona società, significa essere molto convinti delle virtù delle metodologie che vi si praticano, della bontà degli obiettivi a essa assegnati, della sua neutralità scientifico-istituzionale. Attribuire alla scuola tutti i meriti o tutte le potenzialità nella formazione del buon cittadino equivale ad affermare che essa è la causa principale della conformazione, positivamente o negativamente valutata, degli esseri umani ai ruoli per loro socialmente auspicati e a loro imposti, oppure attribuirle pressoché tutta la responsabilità per la mancata o insufficiente conformazione. Anche se si cambia il campo delle finalità scegliendo non la conformazione alle idee e prassi di cittadinanza prevalente, bensì l'individualizzazione, piuttosto che la liberazione dai vincoli che impedisco alla personalità di esprimesi, comunque la sostanza non cambia: pur se si tratta di educazione a un soggetto dichiarato libero, che diventa sé stesso ecc., è sempre una conformazione ma anche questa è una conformazione a un modello di cittadinanza, quanto meno di individuo che nella realtà delle pratiche sociali è meno libero e autonomo di quel che è dichiarato e prospettato. Ritenere la scuola il soggetto promotore del cambiamento sociale diventa non la profezia che si autoavvera, bensì l'illusione che si autoalimenta.

4.2.7. LA BATTAGLIA DI RETROGUARDIA: LA FAMIGLIA SOGGETTO IMPOSSIBILE

La famiglia non è stata e non può essere considerata un soggetto collettivo organizzato, pur essendovi state ed essendovi forme di associazionismo collaterale alle organizzazioni politiche o ecclesiali, e pur

4. *L'attimo fuggente* (*Dead Poets Society*), di P. Weir, USA, 1989.

essendovi posizioni che disegnano una metafisica della famiglia quale entità collettiva in grado di agire come attore autonomo nello scenario sociale. Scrive don Lorenzo Milani in quel saggio antropologico pedagogico del 1954 che è *Esperienze pastorali*: «Per i ragazzi delle età qui considerate [6-14, *N.d.A.*] è oggi ancora la famiglia l'unica determinante dell'indirizzo religioso e politico. Qualsiasi sforzo del prete, della maestra, delle associazioni cattoliche o comuniste è, a nostro avviso, completamente buttato via» (Milani, 2012, p. 45). In un'Italia che si stava tutta, seppure a intensità e velocità differenti, faticosamente sviluppando, la famiglia era pressoché ancora l'unica determinante dell'indirizzo politico e religioso, non incidevano ancora più di tanto le esperienze di educazione formale (la scuola e la maestra), quelle riconducibili all'associazionismo a forte connotazione politico-religiosa (i circoli cattolici o comunisti) e la Chiesa nella figura del prete educatore. La famiglia fatta oggetto d'analisi da Lorenzo Milani era un'esperienza educativa che confermava la propria storia, garantendo la continuità di due tra le principali appartenenze culturali, quella religiosa e politica. Nulla sembra scalfire, al contrario di quanto avviene oggi, quella sua capacità educativa, questo è quanto comunica Milani.

Dai tempi di don Milani sono avvenuti profondi mutamenti nella conformazione e nella storia della famiglia, tanto da non poter più parlarne al singolare, dovendo ammettere diffusamente la necessità (per alcuni *obtorto collo*) di considerare la pluralità delle famiglie e delle loro storie. Tuttavia l'impossibilità di considerare la famiglia come agente collettivo promotore di cambiamento sociale non inficia la possibilità di considerarla un'esperienza educativa che si è modificata, e si modificherà ancora, in relazione al rapporto con i modelli proposti o le prassi realizzate di WS. È ancora Saraceno a indicare quanto l'organizzazione e i cambiamenti del welfare influenzino i modelli familiari, e questo sin dalla costituzione degli Stati nazionali, cioè da quando questi «iniziarono a competere con le chiese, le parentele, le norme consuetudinarie locali, nella regolazione, appunto, di questi rapporti» e, proseguendo, «anche le politiche sociali nei confronti della famiglia hanno una origine di tipo regolativo nelle obbligazioni piuttosto che nei diritti», è la regolazione «dell'età minima di avviamento al lavoro dei fanciulli, dell'orario di lavoro di questi ultimi e delle donne e dell'introduzione dell'obbligo scolastico». Sono regole che «riguardavano soprattutto le classi lavoratrici urbane» e che «hanno posto le basi per un nuovo assetto familiare, basato su un capofamiglia maschio principale procacciatore di reddito e una moglie lavoratrice remunerata secondaria, o non lavoratrice, perché responsabile della cura, con figli economicamente dipendenti oltre la prima infanzia» e «molte delle politiche di sostegno alla famiglia sviluppate successivamente si sono a lungo basate su questo modello di famiglia». La famiglia dunque non è un soggetto promotore di cambiamento sociale e/o educativo, poiché è essa stessa un prodotto dell'educazione, poiché registra al proprio interno cambiamenti che avvengono nella società nella quale è inserita, tant'è che «dagli anni Settanta del Novecento in poi, le iniziative e i discorsi pubblici sviluppati a livello dell'Unione Europea [...] hanno contribuito direttamente, o più spesso indirettamente, a definire e ridefinire gli obiettivi e i temi rilevanti in questo ambito: pari opportunità tra uomini e donne, aumento dei tassi di occupazione femminile e di quelli degli uomini e delle donne in età matura, conciliazione tra responsabilità familiari e partecipazione al lavoro remunerato». Si potrebbe quindi parlare di «politica implicita della famiglia a livello comunitario, i cui capisaldi sembrano essere il modello di famiglia a due lavoratori, almeno a un lavoratore e mezzo, e la parziale presa in carico della cura dei più piccoli da parte della collettività, sia pure in forme diverse» (Saraceno, 2013, pp. 97-9), così come si potrebbero intravedere politiche di «incoraggiamento alla "familiarizzazione" dei padri parallela all'incoraggiamento alla "defamiliarizzazione" delle madri» (ivi, p. 109). La politica implicita della famiglia di cui tratta Saraceno può essere considerata, in termini pedagogici, il tentativo di comporre un diverso ambiente formativo nel quale l'idea e la prassi di famiglia siano differenti dalle precedenti.

4.2.8. LO SPLENDIDO MINORATISMO: L'ETICA E IL NARCISISMO DELLA MINORANZA

Rivolgendo l'attenzione al tema del minoratismo in ambito pedagogico ed educativo, è impossibile non citare Nanni Moretti, il quale nel film *Caro diario* fa dire a sé stesso: «Io credo nelle persone, però non credo nella maggioranza delle persone: mi sa che mi troverò sempre a mio agio e d'accordo con una minoranza»[5]. La frase di Moretti indurrebbe a pensare che, oltre a un dispiacere nell'essere minoranza, esista

5. *Caro Diario*, di N. Moretti, Italia, 1993.

anche un piacere tangibile quanto quello dell'essere maggioranza, che esista un narcisismo delle maggioranze, o presunte tali, quanto un narcisismo delle minoranze, o presunte tali, il primo apparentemente più dozzinale del secondo, pur se, ricorrendo a Esopo, non deve essere per nulla trascurato il paradigma della volpe e dell'uva. Uno degli autori collocati saldamente in ambito educativo e politico-sociale che ha analizzato con attenzione il tema delle minoranze è il già citato Fofi. In Fofi il tema delle minoranze compare esplicitamente nel già citato libro *La vocazione minoritaria*, nel quale, oltre a una serie di considerazioni di natura politico-pedagogica, egli sottolinea il valore delle «minoranze che chiamerei etiche: le persone che scelgono di essere minoranza, che decidono di esserlo per rispondere a un'urgenza morale» (Fofi, 2009, p. 21). Una tale posizione è ribadita dissentendo da una domanda di chi lo intervista che attribuisce al «sentimento umano» la tendenza di una minoranza a diventare maggioranza, poiché «la minoranza è un valore in sé, un'entità abbastanza forte per vedersi compiuta, appagata da una diversità realizzata» (ivi, p. 133). Fofi riprende il tema dell'essere minoranza nell'introduzione – significativamente intitolata *Il sale delle minoranze* – alla riedizione di un suo diario degli anni Sessanta, dove scrive di validi movimenti e posizioni minoritarie presenti in quei decenni che non sono diventate maggioritarie, o ai quali è stato impedito di diventare maggioranza, che sono oggi riscoperte come storia, appunto, minoritaria del paese. Si tratta quasi di un'altra storia riportata alla visibilità grazie all'opera di persone meno vincolate dalle ideologie presenti in quegli anni: «Stanchi delle visioni maggioritarie, gli storici di oggi, specialmente i più giovani, sono andati riscoprendo con molto interesse l'esistenza di questi gruppi e iniziative che, rifuggendo dalle logiche e dagli schieramenti del dopoguerra, aiutano oggi a comprendere meglio il nostro passato e hanno ancora qualcosa da dire al nostro presente». Sono stati gruppi e iniziative che costituivano un «ambiente fertile di entusiasmi», in cui erano protagoniste «persone convinte che il mondo sarebbe cambiato in meglio anche grazie al loro» (Fofi, 2012, pp. VIII-IX).

Accanto al minoratismo che si condensa nel richiamo ai "buoni maestri" che non sono riusciti a diventare maggioranza (e magari proprio grazie al mancato passaggio sono rimasti tali) esiste il richiamo a positivi "cattivi maestri", cioè a coloro che hanno, o avrebbero, espresso opposizioni radicali verso l'esistente, tali da poter essere considerati come pericolosi dal "sistema" stesso, e per questo combattuti, rimossi o, più semplicemente, dimenticati, quindi ridotti a minoranza disarmata (oltre che, in non pochi casi, sinceramente disarmante)[6].

Anche questa è una storia che ha avuto momenti di grande visibilità, per esempio negli anni Settanta, soprattutto per le componenti pre o postpolitiche, una storia nella quale si ritrovano l'antagonismo anarchista, l'antimodernismo comunitarista reazionario o progressista, le prassi di liberazione da qualche cosa, la disobbedienza civile e molto altro ancora. In particolare, è una storia nella quale sono comprese le consuete critiche radicali all'istituzione scolastica intesa, più che come apparato di "riproduzione della forza lavoro", come intento e organizzazione di oppressione del vitalismo originario degli umani[7].

Sono posizioni che tendono a delineare una via d'uscita dalla crisi non convertendosi alle leggi e alle logiche di mercato e/o rassegnandosi a un impoverimento "infelice" (cosa diversa, come visto, dalla decrescita felice), bensì recuperando, valorizzando, riattivando quelle storie economiche, sociali e culturali collocate ai margini di quelle principali (e rispetto a queste ultime antagoniste o "disobbedienti" (AA.VV., 2008), storie che hanno il merito di sottolineare quanto esistesse altro rispetto a ciò che si è affermato. Un radicalismo critico "antisistema" che tenta anche di operare in alcuni spazi di possibilità, come evidenzia Vittorio Giacopini a proposito di Paul Goodman e del

6. «Ancora una volta occorrono guide indiane, cattivi maestri, astuti pirati che ci aiutino a dissequestrare la nostra vita, la nostra educazione, il nostro pensiero dalle trappole cui sono inchiodati [...]. Autori "esteri" ma soprattutto stranieri, estranei, profondamente controcorrente in un clima come quello della pedagogia italiana degli ultimi decenni, avviticchiata come l'edera ai suoi maestri perenni e mortiferi, inesorabilmente moralista e bigotta, incredibilmente provinciale e tardiva» (Mottana, 2014, pp. 7-9). Alle volte i cattivi maestri ricordano l'intellettuale immaginato da Nicola Palumbo (Stefano Satta Flores), personaggio di *C'eravamo tanto amati* (di E. Scola, Italia, 1974) che, in una delle molte discussioni con Antonio (Nino Manfredi), afferma che «l'intellettuale [il cattivo maestro, *N.d.A.*] è più avanti, è di più, è più giù, egli è irraggiungibile, è più alto»; e in un'altra discussione, «il mio pensiero politico fa paura», ma, purtroppo per lui, non era vero.

7. Giacopini (2010, p. 4), introducendo una raccolta di scritti di Paul Goodman, scrive: «Il mito di Peter Pan che non fa neppure in tempo a prendere corpo» perché «nessuno può restare bambino. Tutti devono andare avanti, adattarsi, inciampare in un modello di adolescenza desolante, restare impigliati in un modello di adolescenza desolante, restare impigliati in un ideale di carriera e di vita adulta precondizionato e deprimente».

suo libro *La gioventù assurda*: «Una critica lucida e impietosa delle possibili forme di fuga stereotipate o di secessione rituale dalla società. Senza rinunciare mai al suo radicalismo intransigente e a una sincera simpatia per i giovani intelligenti più arrabbiati e delusi dal sistema, Goodman privilegia in ultima analisi una zona intermedia, la posizione sociale ed esistenziale di chi oscilla tra l'adesione e la rivolta, e tutti quei tentativi di lotta, critica, protesta che senza simulare l'estraneità assoluta alla società hanno deciso di situarsi quasi ai margini, lungo l'incerta, scivolosa, linea di demarcazione che separa le più squallide forme di sudditanza, integrazione e capitolazione alle regole implicite del sistema dall'illusione di un'estraneità garantita, fine a sé stessa e mistificata» (Giacopini, 2010, p. 6). In fondo, la sfortuna principale che potrebbe capitare, per esempio, a un descolarizzatore estremo, sarebbe sicuramente quella di essere costretto ad attuare il suo programma e di dover rinunciare a quella beatitudine un po' ribellistica dell'essere minoranza e di dover, effettivamente, costruire un territorio senza scuola, perché poi, alla fine, proprio di questo si tratterebbe.

Le difficoltà strutturali a superare lo stato di cose esistente sono sottolineate anche da Bauman. Se la situazione attuale è caratterizzata dall'essere «spinti a comportarci in modo egoistico e materialistico [...] spronati, costretti o blanditi a comprare e sprecare [...] le probabilità di una effettiva dissidenza e di una liberazione dai precetti del mercato sono minime. Il pronostico contrario è schiacciante. Sarebbe necessario niente di meno che una genuina "rivoluzione culturale". Per quanto limitati possano apparire i poteri del sistema educativo esistente, a sua volta irretito dai meccanismi consumistici, sopravvivono in esso sufficienti poteri trasformativi per annoverarlo tra i fattori più promettenti di tale rivoluzione» (Bauman, 2012, p. 39). Le possibilità di liberarsi dal mercato sono dunque minime, sarebbe addirittura necessario un vero e proprio rivolgimento culturale, ma nonostante tutte le difficoltà, i fattori trasformativi più promettenti starebbero nel sistema formativo. Bauman prosegue con la sua analisi: «La politica emergente [...] cioè l'alternativa sperata ai meccanismi politici noti e screditati, tende a essere orizzontale e laterale invece che verticale e gerarchica [...] come gli sciami, i gruppi e le alleanza politiche sono creazioni effimere, convocate con facilità ma difficili a tenere insieme per il tempo necessario a "istituzionalizzarle" [essi] vengono riuniti e dispersi quasi spontaneamente e con la stessa facilità. Ogni momento della loro vita è intensamente appassionato, ma come è noto le passioni intensive svaniscono in fretta. Non si può costruire una società alternativa con la sola passione, ma l'illusione della sua praticabilità consuma la maggior parte delle energie che la creazione di una simile società richiederebbe» (ivi, p. 88).

4.2.9. LA QUESTIONE DELLA DOMANDA IN ASSENZA DI SOGGETTI

Un aspetto particolare della mancanza, o della debolezza, di soggetti sociali in grado di produrre progettualità credute e credibili di alternativa all'esistente pone direttamente la questione del rapporto tra domanda espressa e risposte di tipo politico-pedagogico-educativo. Bruno Trentin, in un articolo del 2006, recentemente ripubblicato (Trentin, 2013)[8], affronta la questione della distinzione tra la coppia merito-bisogni e quella capacità-diritti, collocandola prevalentemente nell'ambito delle relazioni sindacali degli anni del fordismo. Nell'economia del presente lavoro, più che quello sul concetto di merito, il riferimento più interessante riguarda l'analisi del rapporto tra bisogni e domande, in particolare nella contrapposizione esistente negli anni Sessanta del Novecento tra «bisogni» e «domande che prevalgono nel vissuto dei cittadini nella società dei consumi». L'ex segretario della CGIL si esprime criticamente nei confronti delle posizioni espresse allora dall'economista marxista Paul Sweezy, che «opponeva i *needs* (i bisogni reali, le necessità) ai *wants* (le domande, i desideri), attribuendo implicitamente a uno stato illuminato e autoritario la selezione, "nell'interesse dei cittadini", fra gli uni e gli altri» (ivi, 2013, p. 97). Non è lo Stato, secondo Trentin, a dover porre dei filtri per legittimare gli uni e non gli altri in quanto dimensioni destinatarie di una possibile azione di risposta: di conseguenza, e per estensione, non dovrebbe essere neppure un qualsivoglia intellettuale collettivo a poterlo fare. Le domande sono domande, e in uno Stato democratico che tratta i cittadini come tali, ogni domanda deve avere la possibilità di esprimersi attraverso canali istituzionali e di rappresentanza diretta e indiretta.

8. La rivista "Gli Asini" ripubblica, in occasione del numero monografico *Valutazione e meritocrazia*, un articolo dell'ex segretario generale della CGIL pubblicato dall'"Unità" il 13 luglio 2006. L'articolo ricorda l'intervento di Claudio Martelli, allora vicesegretario, al congresso PSI di Rimini nel 1982, nel quale poneva la questione dell'alleanza tra meriti e bisogni.

In questo senso, l'educazione si è sempre contraddistinta quale esperienza in cui s'intrecciano in modi e tempi diversi una gamma di problemi, bisogni e domande riconducibili ai diversi soggetti presenti in un contesto sociale. Solo una visione idilliaca e funzionalista di tale intreccio lo vorrebbe armonico, caratterizzato da reciprocità, scambio e alleanze, al più percorso da fisiologici e non patologici conflitti affrontabili e risolvibili; una visione meno idilliaca lo considera quale luogo aperto a molteplici alleanze e sinergie, ma anche a conflitti, alcuni dei quali antagonistici e non sanabili, in ciò assimilabile a qualsiasi esperienza nella quale si registrino relazioni tra interessi, bisogni, domande diverse. Le questioni pedagogiche poste da tale visione sono molteplici, alcune di carattere più identificativo e descrittivo (quali sono i soggetti, e da quali problemi, bisogni e domande sono caratterizzati), altre più valoriali (quali priorità nella allocazione delle risorse), altre ancora più metodologiche (come fare per...). In ogni caso, nelle attività educative intenzionali e istituzionalmente legittimate, si pone la questione attorno a chi compete la titolarità interpretativa e operativa sia riguardo al trattamento di ciò che portano e/o richiedono i diversi attori che intervengono nello scenario sociale, sia riguardo alla sistematizzazione di tale richiesta in forma di progetto parzialmente condivisibile, se non del tutto comune. In ultima analisi si pone, a chi è attore operativo dell'intenzionalità e della progettualità educativa, la questione della rilevazione e del rispetto o meno della domanda, nonché dell'eventuale decodifica delle connessioni tra essa, i problemi e i bisogni, in relazione altresì a cosa implica in termini di risposte reali o potenziali. È una faccenda che si presenta articolata, poiché riguarda il lavoro educativo e il lavoro sociale a livello di concreto contesto operativo-relazionale, ma che riguarda contemporaneamente anche le dinamiche politiche generali e locali. Si tratta di porsi con ciò l'obiettivo dell'individuazione dell'agente mediatore di problemi-bisogni-domande dei diversi soggetti, sia sul piano micro (l'educatore, l'assistente sociale, l'insegnante) sia sul piano macro (il partito, l'organizzazione, il leader, il sistema dei media). L'individuazione cioè di tutti coloro che, in ambiti e sistemi relazionali diversi, hanno il potere di trattare la domanda, anche per esplicito mandato istituzionale. La questione della distinzione tra domande, bisogni e problemi è squisitamente educativa, poiché rimanda alla figura di un educatore collettivo che potrebbe: 1. agire per sottoporre a disamina critica il rapporto tra problemi, bisogni e domande, mettendo in dubbio la richiesta espressa dai soggetti e operando invece per favorire l'emersione di una domanda rappresentativa dei loro "veri" bisogni; 2. fornire strumenti per favorire l'esplicitazione e l'organizzazione della domanda, non ponendosi il problema della sua corrispondenza con i bisogni "veri" di coloro che esprimono tale domanda.

Questa alternativa si complica ulteriormente in un contesto storico come l'attuale, dove sono venute meno, o sono significativamente ridotte, le rappresentanze collettive forti, autolegittimantesi e/o legittimate in quanto organizzazioni in grado di raccogliere problemi e bisogni traducendoli direttamente o indirettamente in domanda. Ancor più, si pone ovviamente la questione del trattamento di tali bisogni in assenza, o in riduzione, di domanda sociale espressa dai corpi sociali intermedi. Il "che fare" in assenza di domande collettive immediate, esplicite, organizzate, dunque si pone, e a un tale quesito potrebbe sottrarsi solo chi ritenesse che l'educazione possa e debba esserci solo in presenza diretta dei soggetti educandi o candidati a esserlo, che entrano volutamente nell'esperienza educativa, anche se, a ben vedere, la stragrande parte dell'educazione (dalla scuola al carcere) avviene senza un'esplicita domanda da parte dei destinatari.

La questione del rapporto tra domanda e bisogni costituisce da sempre una linea di sofferenza del lavoro educativo, ma anche di qualsiasi altro lavoro mosso da una qualsivoglia intenzionalità tesa a modificare il rapporto tra malessere e benessere a vantaggio di quest'ultimo. Una linea di criticità che riguarda tanto gli interventi rivolti alle collettività, quanto quelli rivolti agli individui, e in cui si ripropone, tra i molti dilemmi che contiene, anche quello tra un'apparentemente rispettosa educazione maieutica e un'educazione più a carattere "formativo".

4.3
Democrazia come limite e possibilità

La ricerca delle vie di uscita dalla crisi dovrebbe essere affidata alla politica tradizionalmente intesa, soprattutto a quella nazionale e locale, ma anch'essa non gode di buona salute: vive un deficit di immagine nelle decisioni e nella capacità di operare e di incidere nei contesti di spettanza istituzionale; incide sempre meno negli spazi pubblici di discussione; pare essere sovrastata da centri decisionali sovranazionali o non. Quello che parrebbe essere rimasto della politica intesa in senso lato è una sorta di buona politica diversa da quella istituzionale, costituita dalla pratica della partecipazione alla vita della collettività locale, minuta, quotidiana, della quale ognuno è, o dovrebbe essere, parte attiva. Politica, democrazia, etica, educazione s'intrecciano soprattutto «Sui due fronti della mentalità e dell'agire politico, la democrazia reclama un'etica, un'etica sociopolitica, ma soprattutto una pedagogia: un'azione educativa salda e complessa e diffusa, che formi soggetti democratici e che vincoli, attraverso l'opinione pubblica plurale e libera e dialettica, l'esercizio del politico ai suoi fini e ai suoi modelli definiti nella e per la società attuale e le sue forme di complessità» (Cambi, 2006, p. 104). L'educazione deve quindi, secondo Cambi, formare soggetti democratici (ma potrebbe formarne anche di non democratici, non essendo la democrazia e l'educazione connaturate l'una all'altra) che siano in grado, per quanto riguarda la politica, di esercitare una funzione di orientamento e controllo nei confronti di azioni che dovrebbero essere funzionali ad ampliare e preservare il bene comune, quanto meno a salvaguardare un interesse generale derivato dalla mediazione tra diversi e differenti (legittimi) interessi particolari. Seguendo Cambi, la democrazia «può dar corpo a un'etica vissuta socialmente e individualmente solo se si impostano azioni che ne costituiscano i requisiti e la facciano diventare costume, e costume condiviso in quanto riconosciuto e esercitato [e in questo devono impegnarsi soprattutto] la scuola e l'informazione che sono le due agenzie maggiori di formazione, nelle società moderne avanzate [le quali devono farsi carico dell'*ethos* democratico] vivendolo al proprio interno, rendendolo esperienza attiva, facendolo diventare il sigillo stesso della loro identità [questo vale in particolare per la scuola] attraverso i suoi connotati di laicità, di educazione alla cittadinanza, di costruzione di una cultura critica, di modello di microcomunità mai fusionale e sempre dialettica [ma vale anche per l'informazione] quando questa sia plurale e pluralistica, sia orientata nel senso del confronto e del dialogo, produca prospettive di accordo se pur problematico e tenga in vita il gioco delle interpretazioni in una libera gara, che allena all'ascolto, al rispetto, all'incontro non solo come metodo, bensì anche come fine» (ivi, pp. 106-7). Quindi l'etica può essere prodotta da una democrazia solo se diventa costume diffuso, condiviso e continuo, e a tale compito sono chiamati, da una parte, la scuola, agenzia formativa per definizione centralizzata, progettuale e intenzionale, dall'altra l'informazione. In entrambi i casi non possono però essere taciute alcune difficoltà. Nel caso della scuola, per esempio, non si può sempre e comunque affermare che il suo buon funzionamento necessariamente produca esiti democratici: l'agenzia di socializzazione è altra cosa dai contenuti degli apprendimenti e dall'auspicabilità degli stessi. Nel caso dei mezzi di comunicazione di massa, la difficoltà sta nell'essere agenzie che vedono significative, anche se non sempre esplicitate, centralizzazioni proprietarie che ovviamente influenzano i contenuti etici proposti. Accanto a ciò il web, che rappresenta una costellazione informativa pressoché inesauribile, contribuendo così a una frammentazione di produttori di informazioni. In entrambi i casi, non esiste pressoché alcuna possibilità di controllo democratico da parte di una "buona intenzionalità" educativa.

4.3.1. PEDAGOGIA E POLITICA

Pedagogia e politica sono quasi un tutt'uno nel loro continuo intrecciarsi e reciprocamente determinarsi. La politica, intesa come progetto culturale, valutativo, previsionale e decisionale attorno alle relazioni tra soggetti e tra essi e le istituzioni, si riversa in educazione, seppure con tempi lunghi e con fisiologiche o patologiche mediazioni e resistenze, essendo il luogo principe della socializzazione. L'educazione è immediatamente politica, e non solo per il suo poter essere ancella intelligente o stolta della politica stessa, ma anche perché, in ogni caso, è esperienza che forma a immaginare e praticare relazioni auspicabili, pur se tali relazioni – ogni tanto è opportuno ricordarlo – non è detto presentino un bilancio positivo per ognuno dei soggetti coinvolti.

La politica e l'educazione rappresentano dunque ognuna una sponda di significato per l'altra. La "buona politica", cioè l'idea di partecipazione alla cosa pubblica al fine di contribuire a creare e gestire un interesse generale risultante dalla mediazione tra interessi parziali, diventa l'ancora di salvezza di una pedagogia, anche di quella scolastica, che cerchi una giustificazione di medio e lungo periodo al proprio operare e al proprio senso. La pedagogia diventa l'ancora di salvezza di quella politica che, per continuare a pensarsi ed esistere quale dimensione di effettiva partecipazione dei cittadini, necessita di un'educazione intenzionale a ciò, soprattutto ora che si sono ridimensionati alcuni processi informali e non intenzionali che a tale partecipazione educavano.

Rispetto ai nessi tra società, politica ed educazione, è impossibile non riferirsi alla rottura di quel sistema di rapporti tra Stato, società civile e politica, in essere nella seconda metà del Novecento. Alla frammentazione delle identità e appartenenze economiche, sociali, culturali collettive, ha corrisposto la frammentazione della rappresentanza politica costituita dai partiti, che non sono più le organizzazioni di rappresentanza, negoziazione e mediazione di interessi e valori espressi da soggetti diversi, ma appaiono piuttosto come gruppi rappresentativi di interessi mutevoli, in relazione al tipo e alla quantità di persone coinvolte, alla durata, alle modalità di organizzazione, anche queste temporanee, leggere, a rete, "webizzate"[9].

In questo senso, senza rischiare di cadere in quello schematismo ingenuo e autoassolutorio della società buona inquinata dalla cattiva politica, si tratta di capire quali sono state le origini e gli sviluppi di quei processi di apprendimento che hanno favorito l'acquisizione diffusa di tale cultura, cioè come tutto ciò, riprendendo le parole di Cambi, sia diventato costume, anche se costume non etico o quanto meno di impronta etica diversa rispetto a quella che ha caratterizzato i decenni precedenti.

Evitando un'impossibile neutralità o indifferenza politica, culturale e pedagogica, non si può non sottolineare quanto dopo "Mani pulite" (effetto della dissoluzione del quadro politico internazionale e nazionale) vi sia stato un periodo di berlusconismo-leghismo che ha avuto come principale effetto educativo quello di "sdoganare" e legittimare un composito modello valoriale e comportamentale nel quale si è esplicitato ciò che in precedenza era ritenuto del tutto sconveniente. Rispetto a ciò, è chiara ed efficace la prosa di Curzio Maltese che, in un articolo riguardante il clima politico-culturale fortemente connotato da aspirazioni a soluzioni autoritaristiche, scrive: «Vent'anni di berlusconismo non si archiviano con una sentenza di tribunale. Hanno scavato a fondo nell'animo degli italiani, ne hanno riacceso l'anarchismo autoritario, gli antichi pregiudizi, il disprezzo per la cultura, il servilismo cortigiano, l'amore per le soluzioni sem-

9. Vale citare (a memoria) la battuta attribuita al giornalista Indro Montanelli sulla differenza tra Alcide De Gasperi e Giulio Andreotti: De Gasperi quando andava in chiesa parlava con Dio, Andreotti con il prete. Oppure l'altra battuta che differenzia uno statista (pensa alle generazioni successive) e un politico (pensa alle prossime elezioni). Le differenze poste dalle battute esistono, ma solo un malcelato, o gagliardamente esibito, neoqualunquismo può ridurre la questione in termini di casta, di ruberie, di ceto.

plici ai problemi più complessi, la sfiducia atavica in qualsiasi istituzione e in particolare per quelle democratiche» (Maltese, 2014, p. 6). Il vero problema, accettata l'impostazione di Maltese, è che gli ultimi decenni hanno agito quale maieuti per far emergere e legittimare quelle componenti culturali che hanno avuto secoli per radicarsi: certa componente plebea scambiata, non sempre innocentemente, per popolare o proletaria; il miracolismo diffuso (dall'intervento dei santi *grossier* ai vari uomini della provvidenza e soli al comando) il familismo amorale; le teorizzazioni attorno alla giustezza del mancato pagamento delle imposte.

4.3.2. EDUCAZIONE ALLA CITTADINANZA, POLITICHE ATTIVE, INCLUSIONE

La partecipazione dei cittadini non è però riferibile solo al coinvolgimento nei processi decisionali e attuativi della politica generale, ma anche alla partecipazione dei soggetti ai processi decisionali e alle pratiche che riguardano il microambiente territoriale e la loro stessa vita. La politica e l'educazione parrebbero infatti trovare un punto d'incontro nella *partecipazione* dei cittadini alla vita del contesto territoriale nel quale sono inseriti, pur essendo difficile, stante i processi di deterritorializzazione e di smaterializzazione, stabilire con certezza i confini e le caratteristiche di tale contesto. La partecipazione come pratica della cittadinanza comporta un'educazione intenzionale a essa, quale articolazione di un generale atteggiamento di "politiche attive", cioè analogo a quello riguardante il lavoro o i bisogni assistenziali. Si tratta cioè di passare da politiche basate, o prevalentemente incentrate, sul ricevimento di un reddito a politiche attive, che presuppongono la necessità e l'opportunità di coinvolgere anche coloro che si trovano in condizioni di difficoltà nella soluzione dei problemi che li caratterizzano. È a partire dagli anni Novanta che la «dicotomia tra politiche passive e politiche attive» ha preso piede nel «discorso pubblico», oltre che nelle politiche di contrasto alla disoccupazione e nelle politiche rivolte ai poveri: anzi, costoro sono «soggetti da attivare per definizione», per evitare le cosiddette «trappole della povertà», che fanno sì che «risulti più conveniente rimanere in condizioni di assistenza che, appunto, lavorare in modo remunerato». L'attivazione è «investimento nell'arricchimento delle capacità dell'individuo» (Saraceno, 2013, pp. 71-2).

La promozione delle politiche attive a scapito di quelle passive nella sua essenza riguarda l'insieme della politiche rivolte alle persone, e si pone in termini squisitamente pedagogico-educativi, anche laddove si materializza in campo previdenziale, assistenziale o sanitario. L'autonomia, il potenziamento delle capacità di muoversi nel mondo, le competenze per costruirsi la propria vita, il fare affidamento sulle proprie risorse (rivitalizzazione, acquisizione, scoperta) sono tutti termini di una gran parte del vocabolario pedagogico, soprattutto di quello che si è opposto alle idee e alle prassi di un'educazione di stampo conformativo. Il coinvolgimento dei soggetti nella progettazione e nell'attuazione degli interventi che li riguardano non è certo una novità e sarebbe davvero bizzarro teorizzare tutto ciò come se fosse una scoperta, oltretutto dirompente: sarebbe come smentire gran parte dell'educare e della pedagogia degli ultimi decenni.

Il passaggio dalle politiche passive a quelle attive riguarda anche gli operatori, che dovrebbero trasformarsi da "semplici" erogatori di risorse materiali o di servizio a stimolatori (educatori) di attivazione, e ciò chiama in causa un altro importante elemento della cittadinanza passiva, cioè l'essere diretta o mediata da "tecnici esperti" con tutti i possibili effetti iatrogeni che ne derivano. Non è questione di poco conto: la progressiva complessizzazione della vita nelle società sviluppate rende necessario il ricorso a soggetti e istituzioni ai quali affidare parti sempre più importanti della produzione e della riproduzione delle risorse (salute, reddito, educazione) necessarie all'esistenza. Ma tali esperti-mediatori sono ripartibili in due grandi e trasversali categorie: gli "esperti-risolutori", cioè coloro che risolvono, forniscono, sostituiscono ecc., e gli "esperti-educatori", cioè coloro che insegnano a risolvere, ad acquisire, a produrre. Ancora una volta uno dei più radicali critici dell'intervento pubblico non autonomizzante è Illich (2008, p. 27), il quale propone di definire la seconda metà del XX secolo «l'Era delle Professioni Disabilitanti», cioè l'epoca nella quale «alcune pratiche, se si trasformano in sistemi di erogazione di servizi per un pubblico di consumatori, distruggono le capacità normali della gente di affrontare buona parte dei problemi e di utilizzare buona parte delle capacità e delle risorse che hanno a portata di mano» (La Cecla, 2013, p. 29). Anche se – è opportuno rimarcarlo per tentare di riportare la questione delle capacità abilitanti e delle politiche attive con in piedi per terra – paradossalmente anche le rapine a mano armata o i sequestri di persona possono essere considerate un esito di politiche di *empowerment*, un modo per affrontare il problema della scarsità di risorse individuali fuoriuscendo da un circuito pubblico assistenziale debilitante.

4.3.3. L'EDUCAZIONE CIVICA: EDUCARE ALLA CITTADINANZA

L'educazione alla cittadinanza è un compito chiesto, da sempre, all'educazione: scuola, chiesa, famiglia, mezzi di comunicazione di massa, comunità di vario tipo sono state, di volta in volta, invitate e/o obbligate a occuparsi della formazione del buon cittadino e della buona cittadina. Non sempre vi è stata azione concordata, non tutte le esperienze hanno agito all'unisono al loro interno o in sintonia reciproca le une con le altre. All'educazione è affidato quindi il compito di educare al rispetto delle norme, da quelle più opinabili e meno vincolanti (come quelle di costume) a quelle, altrettanto opinabili ma più vincolanti, come quelle legali. L'attenzione dedicata in questi ultimi anni ad alcune emergenze educative (dalla prevenzione delle dipendenze alla legalità) e le pratiche formative *ad hoc* che sono state realizzate, inducono a pensare che l'educazione alla cittadinanza "di routine" non sia sufficiente, e ciò soprattutto a causa della difficoltà di coordinare e governare tali agenzie, ciascuna con obiettivi propri, all'interno di un'unica progettualità strategica intenzionale. In particolare, nel corso del tempo, i compiti educativi sono stati assegnati, seppure progressivamente, dinamicamente, contraddittoriamente, reversibilmente, conflittualmente, sinergicamente, a due tipi di agenzie. Il primo tipo comprende istituzioni chiuse, centralizzate, con un'organizzazione gerarchica piramidale, e il secondo agenzie "non istituzioni" quali famiglie, gruppi di pari, mezzi di comunicazione ecc., cioè esperienze che rielaborano maggiormente l'intenzione educativa pubblica rispetto a quelle del primo tipo. L'educare a essere cittadini è sempre filtrato dalle concezioni di cittadinanza (anche in termini di prosaici vantaggi o svantaggi) presenti all'interno di ciascuna delle esperienze prima elencate, basti pensare a quanto sia discutibile ritenere che l'educazione familiare tenda sempre verso la cittadinanza così come istituzionalmente auspicata, o quanto l'educazione all'interno di esperienze religiose si orienti sempre verso obiettivi comportamentali coerenti con quelli istituzionalmente indicati ai cittadini. L'educazione alla cittadinanza astrattamente intesa, accanto ai limiti dovuti alla rielaborazione autonoma delle sue caratteristiche all'interno delle esperienze nelle quali avviene, ne vive uno ulteriore, costituito dell'effettiva efficacia dell'azione che all'interno di tali agenzie si sviluppa. Inoltre, anche qualora i modelli di cittadinanza proposti nelle esperienze "locali" risultassero omogenei o compatibili con quelli istituzionali, si pone il problema della possibilità, oltre che dell'opportunità, di poter effettivamente governare l'insieme delle agenzie. Neppure nelle più brutali e/o raffinate società autoritarie le pratiche di cittadinanza sono coerenti con quelle proposte, organizzate, ispirate dallo Stato, poiché esistono sempre modelli e pratiche laterali, antagoniste, incomplete.

La domanda che si pone, anche nel caso dell'educazione alle pratiche di cittadinanza, è considerabile un "classico" ogni qualvolta si parli di educazione e di esiti di processi educativi: vi è un'unica e identificabile cultura civica, dalla quale discendono quei comportamenti che, nel loro complesso, costituiscono la cittadinanza auspicata, seppure non sempre e non completamente praticata? In tutta onestà è molto difficile rispondere affermativamente: nel tempo storico attuale che, in alcuni suoi aspetti, può essere definito plurale (o, come sarebbe meglio definirlo, plurale omologato), le culture civiche non possono che essere plurali, così come si verifica in campo artistico, alimentare ecc. L'esistenza di più modi (alcuni deboli, altri forti) di pensare e praticare cittadinanza è una contraddizione pressoché insolubile della contemporaneità. E questo non riguarda, come a una prima analisi potrebbe apparire, esclusivamente o prevalentemente i processi migratori: ciò che rende la cultura civica plurima e di difficile sintesi unitaria è la frammentazione sociale della contemporaneità, dovuta anche, ma non solo, ad alcuni aspetti dei processi migratori. Una pluralità che rappresenta un problema poiché la cittadinanza, a differenza di altro, comporta il rapporto non solo con la norma orientativa ma anche con quella prescrittiva, e richiede l'uniformità di una parte rilevante dei comportamenti individuali e collettivi: la pratica della cittadinanza è parzialmente omologata e omologante, mentre nella contemporaneità si prospettano culture civiche con differenti storie, livelli di importanza e aree di penetrazione. La cultura diffusa e prevalente in un dato contesto territoriale, inevitabilmente unica per alcuni suoi aspetti, è, nello stesso tempo, obbligatoriamente plurale per altri, e dovrebbe essere fatta propria da ogni nuovo cittadino: i "nuovi nati", ovviamente del tutto privi di cultura civica, costretti continuativamente a sottoscrivere "contratti sociali" alla stesura dei quali non hanno contribuito; i "nuovi arrivati", cioè quelli che provengono da territori con culture civiche differenti, anche se non sempre conflittuali con quelle dei territori di arrivo. Inoltre, volendo, possono essere considerati dei nuovi cittadini (cittadini "rinati" per usare una definizione suggestiva seppure associata alla *crème* del conservatorismo statunitense) quelli che hanno vissuto, più o meno consenzienti, percorsi riabilitativi di vario tipo.

Rispetto alla costruzione di cittadinanza, all'educazione spetterebbe dunque un compito che non è mai stato facile (per esempio quello di declinare pluralità e condivisione), ma che oggi si presenta oltre che difficile, anche poco chiaro, se non del tutto oscuro. In questo senso è necessario, ancora una volta, sottolineare il rischio di ritenere che la scarsa cultura civica sia dovuta esclusivamente a un deficit dell'educazione intenzionale e ufficiale, superabile con un suo aumento quantitativo o con il ricorso a didattiche e metodi ritenuti più idonei ed efficaci. In realtà, un adeguato senso civico è da ritenersi la risultante di una molteplicità di esperienze educative di segno anche molto diverso tra loro, che concorrono a formarlo o a non formarlo. Di conseguenza, al fine di accrescere la "buona" cultura civica, non parrebbe essere sufficiente agire aumentando quantitativamente, e anche qualitativamente, l'educazione virtuosa, senza contemporaneamente operare anche su quelle esperienze, quei climi, quei processi che educano a una cittadinanza altra rispetto a quella (quelle) auspicata.

4.3.4. EDUCAZIONE E CITTADINANZA: L'AUTONOMIA

La cittadinanza è connessa a uno degli aspetti di sofferenza dell'educare, cioè l'autonomia del soggetto educando. Una prima sistematizzazione ci dice come sia necessario educare alla massima autonomia possibile all'interno del quadro di compatibilità esistente, ma uno dei compiti principali assegnato all'educare, oltre a quello dell'ampliamento, del mantenimento e del recupero dell'autonomia, è invece anche quello di limitare l'autonomia del soggetto (Tramma, 2008). Per quanto sia una delle principali sofferenze dell'educare, non si può negare che l'educazione alla cultura civica, e alla pratica che da essa discende, è prevalentemente operazione di riduzione dell'autonomia, più che di suo ampliamento. L'educazione civica, infatti, deve fare i conti, e non potrebbe essere diversamente, con il "dilemma dell'Antigone" (la tragedia tutta, non solo la protagonista), cioè a quale sfera normativa fare riferimento qualora le leggi della famiglia, del "sangue" e della città siano tra loro in contraddizione non sufficientemente conciliabile. Qual è la legge prevalente? Quella divina, soprattutto quando il divino non si riferisce alle tradizioni locali ma è d'importazione all'interno di un determinato contesto territoriale e temporale, quella del proprio gruppo di parziale o totale di appartenenza, quella dello Stato nazionale, proprio ora che sta vivendo uno dei momenti più bassi in termini di prestigio astratto e concreto, di capacità di incidere tanto sul piano internazionale quanto su quello locale? Se proprio si vuole educare alla cultura civica, vale come per altre dimensioni/esperienze/finalità dell'educare (interculturalità, legalità, rapporti tra i generi) il principio della prima citata educazione indiretta, cioè l'intervento nei confronti di un ambiente educativo per creare le condizioni affinché al suo interno si verifichino gli apprendimenti voluti. Quindi un'educazione alla cultura civica che si configura come risultante dinamica e incerta di molte altre tensioni educative, senza dimenticare che, molto prosaicamente, educare alla cultura civica significa compiere un'opera di socializzazione che dovrebbe essere condivisa da molti degli attori sociali, *in primis* i destinatari dell'educare.

La cultura civica è il brodo di coltura entro il quale possono crescere comportamenti virtuosi e legali, o essa è il risultato di tali comportamenti? Cioè, è la cultura civica che genera comportamenti socialmente auspicati e stimolati, o è la sommatoria di tali comportamenti che può essere definita cultura civica? È difficile decidere il percorso di produzione, e forse anche poco utile avventurarsi in una tale questione. L'educazione alla cultura civica, se si vuole mantenere tale frase/concetto di orientamento, è l'educazione all'esercizio della critica e all'assunzione di responsabilità (e questo dovrebbe valere tanto per l'educando quanto per l'educatore); di conseguenza, ciò comporta che non si dovrebbe educare (solo) alle pratiche di cittadinanza e alla loro validità etica e morale, bensì anche educare alla problematicità e alla responsabilità rispetto a tali pratiche di cittadinanza, cioè al pensiero critico che indaga l'esistenza delle contraddizioni, delle ambivalenze, e che analizzi i costi e i benefici connessi all'essere cittadino e cittadina. Educare alla cultura civica significa educare al *limite* e alla *possibilità* della propria azione individuale, e in questo senso si ripropone l'inutilità dell'educazione alla cultura civica per educare alla cultura civica (se non in termini informativi), mentre si pone la necessità di educare al molto più compromettente e meno lineare e gratificante *disvelamento*, per esempio nei confronti della legalità: esistenza delle legalità informali oltre a quelle formali, constatazione che non tutto ciò che è legale è auspicabile e non che tutto ciò che è auspicabile è legale; mito della presunta neutralità ed equidistanza dello Stato nei confronti degli interessi dei gruppi sociali. Inoltre, educare a percorrere intellettualmente le continuità, le commistioni, le zone grigie tra cultura civica e cultura "non civica", soprattutto quando tutto ciò si presenta sotto forma di legalità e illegalità (Tramma, 2012).

In questo senso, iniziative quali il Consiglio comunale dei ragazzi o similari rappresentano degli encomiabili sforzi destinati all'insuccesso strategico, anche se a qualche successo immediato e d'immagine possono aspirare, poiché sono degli addestramenti a una finzione, a una ritualità parziale, nella quale non emerge quanto dovrebbe che i comportamenti virtuosi o non virtuosi, per esempio nei piani di riordino dei territori, non derivano solo dalla sufficienza o dall'insufficienza della cultura civica, ma prevalentemente dagli interessi collettivi e individuali in gioco.

4.4 Una cosa di sinistra

Stefano Bartezzaghi scrive che nel linguaggio politico contemporaneo termini quali Rivoluzione, Riformismo, Progressismo, Migliorismo paiono essere diventati «etichette impolverate», così come paiono appartenere a un'altra epoca i conflitti che li contrapponevano. Oggi quello che "vende" è altro, nel «Pantheon contemporaneo» si collocano divinità differenti: «Creatività, Innovazione, Forza, Energia, Cambiamento, Giovinezza, Aggiornamento» e «nell'immaginario contemporaneo, politico e non solo, la grande battaglia si svolge su questo terreno». Nella società contemporanea «è proprio l'"apparire nuovo" a essere privilegiato. Per questo il richiamo alle esperienze del passato, alla "tradizione riformista" e all'"anima progressista", non ha presa: perché si tratta di tradizione e anima, sono espressioni che parlano di continuità e non di stacchi, di identità e non di trasformazioni. Ciò che è nuovo, ma non appare tale, non ha valore nel discorso della politica come, in genere, in quello sociale» (Bartezzaghi, 2014, p. 29). Uno dei conflitti portanti della contemporaneità sembrerebbe dunque essere quello tra il vecchio e il nuovo, un conflitto che ha superato, tramite operazioni di inglobamento o espulsione, tutti i precedenti conflitti come, per esempio, quelli tra destra e sinistra o, più genericamente, tra progressisti e conservatori. Al centro della scena la coppia oppositiva vecchio/nuovo che, in realtà, proprio nuovissima non è, essendoci stati nel corso del tempo conflitti che hanno ripetutamente rivendicato il nuovo (indipendenza nazionale, socialismo, democrazia) contro il vecchio (colonialismo, capitalismo, dittatura). Tuttavia l'originalità attuale sta nell'essere il vecchio e il nuovo valori o disvalori in sé, senza alcuna altra connotazione: non sono gli aggettivi di alcun sostantivo, bensì sono diventati loro stessi aspecifici sostantivi. È un conflitto che si colloca, considerando lo scenario internazionale e le sue ricadute locali, all'interno di un gioco (a dire il vero un po' paradossale) in cui una delle novità è costituita da un nuovo che, in realtà, è un vecchio che non è mai sparito, ma riemerge non nella configurazione che aveva nel recente passato (la rivoluzione, il cambiamento strutturale della società ecc.), bensì in quella di un passato molto antico: le guerre di religione, i conflitti tra Stato centralizzatore e periferie restie a farsi centralizzare, l'appropriazione delle materie prime ecc. È un nuovo che si colma tautologicamente di sé stesso, dichiarando che la bontà della sua novità sta nell'esser nuovo.

In una tale situazione sembra essere del tutto sparita, o in via di sparizione, la sinistra, innanzitutto come identità politico-culturale distinta, prima ancora che come organizzazione. «Ciò che più sorprende è che le distanze politiche tra Destra e Sinistra si vanno riducendo nell'immaginario collettivo, fin quasi a perdere senso», e questo proprio nel momento in cui le «distanze sociali tra i primi e gli ultimi sul piano planetario vanno crescendo o comunque rivelandosi in una dimensione fino a ieri ritenuta intollerabile» (Revelli, 2014b, p. 3).

La sinistra sembrerebbe avere esaurito la propria spinta propulsiva ed essere vittima del leopardiano "scolorar del sembiante", quantunque non siano venute meno, anzi per alcuni aspetti si sono accentuate, le ragioni che l'hanno generata e giustificata. È passato un tempo sufficientemente lungo dalla crisi o dall'esaurimento di alcune "grandi narrazioni" che si sono pensate e dichiarate di sinistra (e come tali erano ampiamente vissute e/o temute) da rischiare, nel prenderle in considerazione, l'accusa di "nostalgismo". Il riferimento è a quell'importante e variegata tradizione pedagogica di sinistra che ha avuto in Italia numerose sfumature, da quelle di tipo riformista o "migliorista" sino a quelle collocabili in area "rivoluzionaria" o libertaria antagonista (Transati, 2004; Codello, 2005; Spring, 2015). È una tradizione comprensiva di solide elaborazioni teoriche, di pratiche educative autonome, di strategie e progetti politici generali (per esempio, l'impegno per consentire a settori più consistenti di popolazione l'accesso a livelli sempre più alti di istruzione). Ovviamente, quello che è mancato a una parte di tale pedagogia è stata la possibilità di edificare un sistema educativo-formativo all'interno di una società socialista o di una società impegnata a divenire tale, e questo, evidentemente, non è poco per una pedagogia nella quale non è recidibile il nesso fra trasformazioni sociali e formazione dei soggetti individuali e collettivi. A una tale pedagogia è mancato Anton Makarenko, ma, d'altro canto, mancavano le condizioni strutturali affinché si potesse esprimere.

Oggi, la domanda attorno all'esistenza di una pedagogia di sinistra si scioglie all'interno del quesito relativo all'esistenza o meno di una cultura di sinistra che preservi, non velleitariamente e non solo a mo' di legittima testimonianza o memoria, alcuni dei caratteri della composita e contraddittoria tradizione in questione. Nel presente la sinistra somiglia a quelle automobili del parco autoveicoli cubano, composto da automezzi statunitensi da tempo fuori produzione, importate prima della rivoluzione e ancora oggi circolanti. Si sa che, esaurite quelle in circolazione, non ve ne saranno altre, nessuno le produce, si fatica a trovare le parti di ricambio, si mantengono in vita mettendo artigianalmente insieme pezzi di fortuna. Sono auto residuali, apprezzate e valorizzate appieno solo quando qualche amatore le acquista, o quando, come accade, diventano oggetti di curiosità e attrazione turistica. Le automobili in questione sono in via di esaurimento, ma la fabbrica che le ha prodotte potrebbe ancora produrle? Forse non può più, o non vuole più farlo; e poi, dov'è la fabbrica? Da qualche parte esiste? Sa di essere fabbrica?

La metafora delle automobili cubane introduce al quesito attorno alla necessità-opportunità-possibilità della presenza o meno di letture di sinistra in ambito pedagogico-sociale, non tanto per quanto riguarda organizzazioni che, più o meno esplicitamente, fanno riferimento a posizioni culturali e politiche di sinistra, quanto piuttosto per la presenza di una distinta visione del mondo, e quindi anche dell'educazione, che si inserisca consapevolmente in una storia di sinistra, anche se storia, a questo punto, minoritaria.

La pedagogia di sinistra fa fatica a emergere anche perché da qualche parte dovrebbe esserci qualcuno o qualcosa che dica "una cosa di sinistra", citando ancora Nanni Moretti in *Aprile*[10], che produca un pensiero che partendo da quelli che potrebbero essere considerati degli orientamenti valoriali (Bobbio, 1994) sia in grado di trasformarli in strategie politiche, senza appiattirsi né in un migliorismo talmente annacquato da non poter essere distinto da quello della destra, né in autocompiaciuti velleitarismi dai quali non emerge alcunché di praticabile, se non la testimonianza del proprio dissenso. Una sinistra quindi con un proprio specifico, che discenda da tradizioni che, seppure non sempre antagoniste con il presente, sono radicalmente diverse, senza per questo ritenere che tali tradizioni diano la completa autosufficienza valoriale, analitica e progettuale. Ma anche con la consapevolezza che, oggi, rivolgere lo sguardo all'esterno della propria tradizione non è solo indicatore di ricerca in corso ma anche di debolezza, per esempio, come afferma Hobsbawm (1999, p. 96), «rivolgersi alla tradizione cristianosociale è un segno di debolezza di tutta la sinistra». Una sinistra che sia consapevole della dimensione del conflitto perché, come efficacemente sintetizzato da Wu Ming, «la sinistra senza la consapevolezza del conflitto diventa il manuale delle giovani marmotte» (Smargiassi, 2013, cit. in Revelli, 2014b, p. 80), che ridimensioni, inoltre, il rischio del "jovanottismo": «Io credo che a questo mondo esista solo una grande chiesa, che passa da Che Guevara e arriva fino a Madre Teresa, passando da Malcolm X attraverso Gandhi e San Patrignano, arriva da un prete in periferia che va avanti nonostante il Vaticano» (*Io penso positivo*, di L. Cherubini-Jovanotti, 1994). Il riferimento al brano precedente non è casuale, è un brano ruffianamente ecumenico, dove sono stati collocati personaggi accomunati dall'operare per un "mondo migliore", seppure, a ben vedere, in campi di intervento e, soprattutto, con metodi alquanto diversi. Il brano di Jovanotti costituisce la raffinata ed efficace semplificazione dell'unione dei buoni non contro qualcuno (al limite contro il male, non contro i malvagi), ma a favore di un'indifferenziata umanità tutta.

A prescindere da molte altre possibili considerazioni, con l'esaurimento o la significativa crisi di una tradizione di sinistra, è venuta meno, o quanto meno si è ridotta, la tensione progettuale al cambiamento dell'esistente, cioè la propria ragion d'essere di tale tradizione. Infatti, secondo Cambi (1994, p. 53), «ciò che si è oscurato è la tensione verso

10. *Aprile*, di N. Moretti, Italia, 1998.

il "progetto di cambiamento", verso la progettualità e verso la volontà di cambiamento tipica della sinistra e, in particolare, della socialdemocrazia, che in tale prospettiva trova il proprio nucleo di identità e la propria funzione storica e sociale». Vale (ri)attivare una ricerca pedagogica di sinistra? Sì, se (abbandonando qualsiasi velleitaria pretesa di disegnare e tentare di costruire delle organiche società che rappresentino un superamento e una negazione di quelle attuali) della sinistra soprattutto si coglie la sua connaturata dimensione critica (e disillusa) nell'analisi dell'esistente. Mario Alighiero Manacorda nell'introduzione del 1972, rieditata nel 2012, all'antologia degli scritti a carattere educativo di Antonio Gramsci, trattando dell'atteggiamento di ricerca di quest'ultimo, affermava: «Ma sarà grande merito di Gramsci aver individuato presto i veri problemi e avere proposto, se non soluzioni, certo linee positive di ricerca. E, d'altra parte, ciò lo salverà dall'atteggiarsi, a somiglianza di tanti riformatori e pedagogisti, come escogitatore di nuovi sistemi educativi, e darà alla sua ricerca quella vera concretezza che consiste non nel disegno di questo o quello schema didattico e organizzativo, ma nella comprensione della complessità dei problemi pedagogici nell'insieme dei problemi culturali e politici, inerenti alla convivenza fra gli uomini» (Gramsci, 2012, p. 19).

Conclusioni
L'*horror vacui* e la trappola della critica al presente

La conoscenza non è *in sé* liberatrice; sarà forse chiarificatrice dei fatti, presupposto indispensabile per attivare interventi dagli intenti trasformativi, ma non liberatrice, se con tale termine è intesa la capacità di affrontare e, nei limiti del possibile, risolvere il problema che ha stimolato, o imposto, l'azione conoscitiva. La mutevolezza del contemporaneo invita chi nei suoi confronti si pone in posizione critica, a non temere l'*horror vacui*, a non avere furia interpretativa e operativa, a non colludere con la fretta di quel movimento incessante e instabile diventato una sorta di imperativo categorico, non solo della vita quotidiana di ciascuno, ma anche della ricerca scientifica. Il cambiamento perenne, la velocità dei tempi e dei modi, l'obsolescenza precoce di tutto (non solo degli oggetti, ma anche dei paradigmi teorici e operativi) dovrebbero invitare al contrario, cioè a una salutare e necessaria lentezza, alla capacità di reggere l'ansia da prestazione conoscitiva, interpretativa e operativa, a costruire una "scienza lenta", nel caso specifico una "pedagogia lenta" (non della lentezza). Infatti se questo può valere in qualsiasi campo delle scienze umane e sociali, vale ancora di più in ambito pedagogico, dove è presente la necessità di conoscere un oggetto non solo per descriverlo e interpretarlo, ma anche per attivare processi trasformativi; un ambito cioè dove non è difficile cadere vittime di quella sindrome del "dobbiamo fare pur non sapendo bene, in realtà, che cosa fare", una sindrome che porta, alle volte, a cadere nell'impressionismo pur di non restare vittime dell'attendismo.

Esiste un principio di fatto molto popolare, non legittimato da alcuna logica, secondo il quale all'analisi dei problemi debbano sempre e comunque seguire i tentativi teorici e/o pratici di soluzione di tali problemi, un principio che richiede che all'esercizio di una critica segua sempre una parte propositiva, ovvero una parte *construens* dopo una *destruens*. In realtà, tale principio può trasformarsi in un invito a non esercitare appieno una funzione critica: infatti, richiedere la formulazione di un'immediata alternativa a processi complessi che, magari, durano da decenni, rappresenta alle volte solo un artificio retorico per non consentire lo sviluppo della critica stessa. La soluzione a molti problemi non può essere trovata senza un movimento collettivo che si ponga come obiettivo quello di modificare la situazione che ha generato o contribuito a generare il problema. In assenza di movimenti concreti si può restare sul piano delle dichiarazioni di principio, degli auspici, delle raccomandazioni o, ma è lo stesso, ci si può inventare narrazioni di cambiamenti prospettati, in atto o realizzati. In questa situazione, l'elemento di debolezza, cioè il non essere in grado di indicare prospettive trasformative credibili, si muta in elemento di forza, cioè nel non indicare prospettive consolatorie o in-credibili o non-credibili. Non c'è mai voluto molto, in realtà, a disegnare l'uomo nuovo e la città ideale, soprattutto quando non vi era alcuna possibilità di realizzarli, e quindi di compromettersi nel farlo. Lo stesso potrebbe dirsi per i tempi attuali, non ci vuole molto a disegnare la città ideale e il "buon cittadino": quello che manca è cioè il/i soggetto/i sociale/i in grado di coagulare e organizzare una serie di interessi parziali in una prospettiva trasformatrice dell'esistente. In realtà si stanno ancora facendo i conti con quella che Manacorda (2008, p. 27) definisce «l'illusione utopististica di poter trasformare la società attraverso l'educazione», un'illusione che, in ogni caso, dovrebbe essere caratterizzata da una serie di imprescindibili elementi: avere una certa idea, sufficientemente solida e ampiamente condivisa, di società da costruire, possedere un metodo utile allo scopo, spartire con altri la convinzione che ciò sia auspicabile e possibile.

I soggetti, i movimenti, i conflitti, i cambiamenti producono propri intellettuali, anche pedagogisti, che assolvono la funzione di costruire e restituire cornice e strumenti teorici a ciò che li ha espressi. Tali intellettuali, individuali o collettivi, accademici o "di strada", non sono espressione meccanica dei soggetti in movimento, così come non si esauriscono con i movimenti che li hanno prodotti, continuando talvolta ad applicare le categorie interpretative dei tempi che li hanno prodotti. Così possono essere considerati, per esempio, coloro che fanno lineare riferimento ai movimenti operai, otto-novecenteschi, piuttosto che coloro che fanno riferimento ai movimenti femministi degli anni Settanta, come se ancora tali movimenti fossero esistenti e operanti, e come se le condizioni sociali che li hanno espressi fossero ancora in essere. Tale riflessione attorno alla persistenza e alla trasmissione generazionale di quadri di significato e strumenti teorici vale anche per le istituzioni, per esempio per quelle componenti intellettuali universitarie che ritengono di essere state prodotte da università e tempi che non esistono più, ma di cui vorrebbero continuare un'improbabile storia.

Porsi in una posizione critica rispetto alle magnifiche sorti e progressive, oppure alle brutte e regressive, del presente, comporta convivere con il rischio che lo sguardo possa volgersi nostalgicamente al passato o immaginificamente al futuro, un rischio che ha accompagnato tutta la modernità, articolandosi, di volta in volta, in ottiche schiettamente reazionarie, nobilmente venate di "romanticismo", tese, per esempio, alla rievocazione o alla riproposizione di presunte e/o reali esperienze comunitariste. Oggi appare ancora più complesso costruire un ragionamento dissenziente-conflittuale nei confronti del presente, da cui ricavare orientamenti pedagogico-educativi evitando, da una parte, i rischi della nostalgia di breve, medio e di lungo periodo e, dall'altra, di precipitare in un "futurismo", anch'esso di breve, medio o lungo periodo.

Gli assetti economici e culturali prevalenti nel presente hanno dalla loro l'essere, per usare un'espressione diffusa in ambito sportivo, vincenti ma non convincenti. Come scrive Berman, a proposito della realizzazione delle autostrade negli Stati Uniti e della cultura da cui esse emergono e che contribuiscono a formare, «opporsi a loro e alle loro opere voleva dire opporsi alla stessa modernità, combattere contro la storia e il progresso, essere seguaci del luddismo, cercare di sfuggire alla realtà, temere la vita e l'avventura, i mutamenti e il progresso. Questa strategia era efficace perché, infatti, la stragrande maggioranza degli uomini e delle donne moderne non intende opporsi alla modernità» (Berman, 2012, pp. 384-5). Tutto ciò si complica nel tempo della velocizzazione e dell'ammodernamento continuo, quasi non vi fosse un presente sufficientemente circoscrivibile e duraturo verso cui puntare l'arma della critica.

Difficile sfuggire alla contrapposizione e non rischiare di essere trascinati, a un estremo o all'estremo opposto, tra i "passatisti" o i "nuovisti". L'antipatia (legittima e funzionale) per la lavagna interattiva multimediale rischia di far precipitare nella categoria dei nostalgici (legittima ma non funzionale) della Olivetti Valentina, se non addirittura della penna d'oca. Nello stesso tempo, ritenere che la lezione frontale trasmissiva con lavagna e gessetti sia qualcosa da mettere decisamente in discussione comporta il rischio speculare di essere collocati nella categoria di coloro che sposano acriticamente gli utilizzi estremi delle nuove tecnologie in ambito didattico. Questa spinta liquidatoria a collocare la critica in nicchie contrapposte, quasi non fosse possibile una posizione critica intermedia, si allea a un'ulteriore ipersemplificazione: il confronto assolutistico tra i tempi attuali e quelli passati, per valutare quali sono i migliori o i peggiori. Tale operazione, infatti, non può essere fatta considerando i tempi nel loro complesso, quanto piuttosto scomponendo i tempi passati e quelli attuali nei loro elementi costitutivi, tenendo sempre presente per chi e/o che cosa i tempi sono migliori o peggiori. E tutto ciò si trasforma in questione pedagogica in purezza, essendo l'educare vincolato a una presa di posizione, oltre che rispetto al passato e al futuro, anche rispetto al presente, senza alcuna possibilità di (falsa) neutralità o di (impossibile) "sospensione del giudizio".

Bibliografia

AA.VV. (2008), *Ribellarsi è giusto*, Edizioni dell'asino, Roma.

ALESSANDRINI G. (2003), *Pedagogia sociale*, Carocci, Roma.

ANDREOTTI A. (2009), *Che cos'è il capitale sociale*, Carocci, Roma.

ARENDT H. (1996), *Sulla violenza*, Guanda, Modena (ed. or. 1969).

AZZARÀ S. G. (2015), *Heidegger innocente: un esorcismo della sinistra postmoderna*, in "Micromega", 2, pp. 116-25.

BALDUZZI G. (1999), *Storia della pedagogia e dei modelli educativi*, Guerini, Milano.

BARENGHI M., BONAZZI M. (a cura di) (2012), *L'immaginario leghista. L'irruzione delle passioni nella cultura contemporanea*, Quodlibet, Macerata.

BARTEZZAGHI S. (2014), *Il mito dell'innovazione*, in "la Repubblica", 1° aprile, p. 29.

BAUMAN Z. (1999), *La società dell'incertezza*, il Mulino, Bologna (ed. or. 1999).

ID. (2001), *Voglia di comunità*, Laterza, Roma-Bari (ed. or. 2001).

ID. (2002), *Il disagio della postmodernità*, Bruno Mondadori, Milano (ed. or. 2000).

ID. (2012), *Conversazioni sull'educazione*, Erickson, Trento.

BECK U. (2000a), *I rischi della libertà. L'individuo nell'epoca della globalizzazione*, il Mulino, Bologna (ed. or. 1994).

ID. (2000b), *La società del rischio. Verso una seconda modernità*, Carocci, Roma (ed. or. 1986).

BENASAYAG M., DEL REY A. (2008), *Elogio del conflitto*, Feltrinelli, Milano (ed. or. 2007).

BERMAN M. (2012), *Tutto ciò che è solido svanisce nell'aria*, il Mulino, Bologna (ed. or. 1982).

BERTIN G. M. (1982), *Divagazioni di un'ultima lezione (19 maggio 1982)*, Università degli Studi di Bologna, Istituto di scienze dell'educazione, vol. IV, 1ª Direzione didattica statale di San Giovanni in Persiceto, Bologna.

BERTONI JOVINE D. (1958), *La scuola italiana. Dal 1870 ai giorni nostri*, Editori Riuniti, Roma.

BLEZZA F. (2005), *La pedagogia sociale. Che cos'è, di cosa si occupa, quali strumenti impiega*, Liguori, Napoli.
BOBBIO N. (1994), *Destra e Sinistra. Ragioni e significato di una distinzione politica*, Donzelli, Roma.
BORGES J. L. (1984), *Tutte le opere*, vol. I, Mondadori, Milano.
BORGHI L. (1951), *John Dewey e il pensiero pedagogico contemporaneo negli Stati Uniti*, La Nuova Italia, Firenze.
BRAMBILLA L., DE LEO A., TRAMMA S. (a cura di) (2014), *Vite di città. Trasformazioni territoriali e storie di formazione nel quartiere Bicocca di Milano*, FrancoAngeli, Milano.
BRANDANI W., TRAMMA S. (a cura di) (2014), *Dizionario del lavoro educativo*, Carocci, Roma.
CAMBI F. (1994), *Libertà da... L'eredità del marxismo pedagogico*, La Nuova Italia, Firenze.
ID. (1995), *Storia della pedagogia*, Laterza, Roma-Bari.
ID. (2003), *Manuale di storia della pedagogia*, Laterza, Roma-Bari.
ID. (2006), *Abitare il disincanto. Una pedagogia per il postmoderno*, UTET, Torino.
ID. (2009), *L'identità postmoderna della pedagogia generale*, in Cambi *et al.* (2009), pp. 17-93.
CAMBI F. *et al.* (a cura di) (2009), *Pedagogia generale: identità, percorsi, funzioni*, Carocci, Roma.
CAPECCHI V. (2005), *La responsabilità sociale dell'impresa*, Carocci, Roma.
CASTORIADIS C., LASCH C. (2014), *La cultura dell'egoismo. L'anima umana sotto il capitalismo*, Elèuthera, Milano (ed. or. 2012).
CHOMSKY N. (2014), *Come definire il bene comune*, in "Internazionale", 1036.
CODELLO F. (2005), *La buona educazione. Esperienze libertarie e teorie anarchiche in Europa da Godwin a Neill*, FrancoAngeli, Milano.
COMITATO PER IL PROGETTO CULTURALE DELLA CONFERENZA EPISCOPALE ITALIANA (2009), *La sfida educativa*, Laterza, Roma-Bari.
CORBI E., OLIVERIO S. (2013), *Realtà tra virgolette? Nuovo realismo e pedagogia*, Pensa Multimedia, Lecce.
CORNACCHIA M., MADRIZ E. (2014), *Le responsabilità smarrite. Crisi e assenza delle figure adulte*, UNICOPLI, Milano.
CRAINZ G. (2009), *Autobiografia di una repubblica. Le radici dell'Italia attuale*, Donzelli, Roma.
DAL PRA PONTICELLI M. (dir.) (2005), *Dizionario di servizio sociale*, Carocci, Roma.
DE AMICIS E. (2011), *Cuore*, Feltrinelli, Milano (1ª ed. 1886).
ID. (2013), *Un dramma nella scuola*, a cura di R. Reim, zero91, Milano.
DIAMANTI I. (2013), *Prigionieri del presente. C'era una volta il futuro*, in "la Repubblica", 19 agosto.

ECO U. (1964), *Apocalittici e integrati*, Bompiani, Milano.
ID. (2009), *Vertigine della lista*, Bompiani, Milano.
FERRARIO P. (2001), *Politica dei servizi sociali*, Carocci, Roma.
ID. (2014a), *Politiche sociali e servizi. Metodi di analisi e regole istituzionali*, Carocci, Roma.
ID. (2014b), *Welfare state*, in Brandani, Tramma (2014), pp. 403-9.
FERRAROTTI F. (2013), *La concreta utopia di Adriano Olivetti*, SDB, Bologna.
FOFI G. (2009), *La vocazione minoritaria. Intervista sulle minoranze*, a cura di O. Pivetta, Laterza, Roma-Bari.
ID. (2012), *Strana gente. Un diario tra Sud e Nord nell'Italia del 1960*, Donzelli, Roma.
FONDAZIONE ERNESTO PELLEGRINI ONLUS (s.d.), *Accogliere, sostenere, promuovere*, Fondazione Ernesto Pellegrini ONLUS, Milano.
FOOT J. (2001), *Milano dopo il miracolo. Biografia di una città*, Feltrinelli, Milano.
FRABBONI F. (2003), *Emergenza educazione. La scuola in una società globalizzata*, UTET, Torino.
FREUD S. (1971), *Il disagio della civiltà*, Boringhieri, Torino (ed. or. 1929).
GALLINO L. (2003), *La scomparsa dell'Italia industriale*, Einaudi, Torino.
ID. (2005), *L'impresa irresponsabile*, Einaudi, Torino.
ID. (2012a), *Introduzione*, in Olivetti (2012), pp. 11-8.
ID. (2012b), *La lotta di classe dopo la lotta di classe. Intervista a cura di Paola Borgna*, Laterza, Roma-Bari.
GHISLENI M., REBUGHINI P. (2006), *Dinamiche dell'amicizia. Riconoscimento e identità*, FrancoAngeli, Milano.
GIACOPINI V. (2010), *Introduzione*, in Goodman (2010), pp. 3-8.
GIDDENS A. (1995), *Le conseguenze della modernità. Fiducia e rischio, sicurezza a pericolo*, il Mulino, Bologna.
GIROTTI F. (2005), *Welfare state*, in Dal Pra Ponticelli (2005), pp. 777-96.
GOGOL' N. (2013), *Il naso* (1836), in Id., *Racconti di Pietroburgo*, Einaudi, Torino, pp. 3-37.
GOODMAN P. (2010), *Educazione e rivoluzione. Per diventare persone*, Edizioni dell'asino, Roma.
GRAMSCI A. (1949), *Americanismo e fordismo*, Universale economica, Milano.
ID. (1975), *Gli intellettuali*, Editori Riuniti, Roma.
ID. (2012), *L'alternativa pedagogica. Antologia*, a cura di M. A. Manacorda, Editori Riuniti, Roma.
HESSEL S. (2010), *Indignatevi!*, add editore, Torino.
HOBSBAWM E. J. (1995), *Il secolo breve*, Rizzoli, Milano (ed. or. 1994).
ID. (1999), *Intervista sul nuovo secolo*, a cura di A. Polito, Laterza, Roma-Bari.
ID. (2002), *Anni interessanti. Autobiografia di uno storico*, Rizzoli, Milano (ed. or. 2002).

ID. (2007), *La fine dello Stato*, Rizzoli, Milano (ed. or. 2000).
ID. (2011), *Come cambiare il mondo. Perché riscoprire l'eredità del marxismo*, Rizzoli, Milano (ed. or. 2001).
ILLICH I. (1973), *Descolarizzare la società*, Mondadori, Milano (ed. or. 1971).
ID. (2005), *La convivialità. Una proposta liberatrice per una politica dei limiti allo sviluppo*, Boroli, Milano (ed. or. 1973).
ID. (2008), *Esperti di troppo*, Erickson, Trento (ed. or. 1977).
KHUMAR K. (2000), *Le nuove teorie del mondo contemporaneo. Dalla società post-industriale alla società post-moderna*, Einaudi, Torino (ed. or. 1995).
LA CECLA F. (2013), *Ivan Illich e la sua eredità*, Medusa, Milano.
LAGRANCE H., OBERTI M. (2006), *La rivolta delle periferie. Precarietà urbana e protesta giovanile: il caso francese*, Bruno Mondadori, Milano.
LATOUCHE S. (2005), *Come sopravvivere allo sviluppo*, Bollati Boringhieri, Torino (ed. or. 2004).
ID. (2008), *Breve trattato sulla decrescita serena*, Bollati Boringhieri, Torino (ed. or. 2007).
ID. (2009), *La scommessa della decrescita*, Feltrinelli, Milano (ed. or. 2006).
ID. (2011), *Come si esce dalla società dei consumi. Corsi e percorsi della decrescita*, Feltrinelli, Milano (ed. or. 2010).
LIPPERINI L., MURGIA M. (2013), *"L'ho uccisa perché l'amavo". Falso!*, Laterza, Roma-Bari.
LUCCHINI F. (a cura di) (2012), *Società in rivolta. Alle radici del disagio collettivo del XX secolo*, Stripes, Rho (MI).
MAALOUF A. (2007), *L'identità*, Bompiani, Milano (ed. or. 1998).
MAGATTI M. (a cura di) (2007), *La città abbandonata. Dove sono e come cambiano le periferie italiane*, il Mulino, Bologna.
MAGATTI M., DE BENEDETTIS M. (2006), *I nuovi ceti popolari. Chi ha preso il posto della classe operaia?*, Feltrinelli, Milano.
MALTESE C. (2014), *Europa e riforme radical: ecco l'unica barriera contro il nuovo fascismo*, in "il Venerdì di Repubblica", 10 gennaio.
MANACORDA M. A. (2008), *Marx e l'educazione*, Editori Riuniti, Roma.
MARX K. (1969), *Per la critica dell'economia politica*, Editori Riuniti, Roma (ed. or. 1859).
MARX K., ENGELS F. (1998), *Manifesto del partito comunista*, Rizzoli, Milano (ed. or. 1848).
MARZANO M. (2009), *Estensione del dominio e della manipolazione. Dall'azienda alla vita privata*, Mondadori, Milano.
ID. (2011), *Etica oggi*, Erickson, Trento.
MAZZUCATO M. (2014), *Lo Stato innovatore*, Laterza, Roma-Bari (ed. or. 2013).
MELOTTI U. (2007), *Les banlieues. Immigrazioni e conflitti urbani in Europa*, Meltemi, Roma.
MILANI L. (2012), *Esperienze pastorali*, Libreria Editrice Fiorentina, Firenze.
MONTESANO G. (2004), *Introduzione*, in Ottieri (2004), pp. 7-15.

MORO G. (2014), *Contro il non profit*, Laterza, Roma-Bari.
MOTTANA P. (2014), *Cattivi maestri. La controeducazione di René Schérer, Raoul Vaneigem e Hakim Bey*, Castelvecchi, Roma.
NACCI M. (2009), *Storia culturale della Repubblica*, Bruno Mondadori, Milano.
NANCY J.-L. (2003), *La comunità inoperosa*, Cronoprio, Napoli (ed. or. 1986).
NUSSBAUM M. (2010), *Non per profitto. Perché le democrazie hanno bisogno della cultura umanistica*, il Mulino, Bologna.
OCHETTO V. (2013), *Adriano Olivetti. La biografia*, Edizioni di Comunità, Roma-Ivrea (TO).
OLIVETTI A. (2012), *Ai lavoratori*, Edizioni di Comunità, Roma-Ivrea (TO).
ID. (2013a), *Democrazia senza partiti*, Edizioni di Comunità, Roma-Ivrea (TO).
ID. (2013b), *Il cammino della comunità*, Edizioni di Comunità, Roma-Ivrea (TO).
OREFICE P. (2011), *Pedagogia sociale. L'educazione tra saperi e società*, Bruno Mondadori, Milano.
OTTIERI O. (2004), *Donnarumma all'assalto*, Garzanti, Milano.
PASOLINI P. P. (1975), *Scritti corsari*, Garzanti, Milano.
ID. (1976), *Lettere luterane*, Einaudi, Torino.
RASTELLO L. (2014), *I buoni*, Chiarelettere, Milano.
REBUGHINI P. (2004), *La violenza*, Carocci, Roma.
REGGIO P. (2014), *Lo schiaffo di don Milani. Il mito educativo di Barbiana*, Il Margine, Trento.
REVELLI M. (2011), *Oltre il Novecento. La politica, le ideologie e le insidie del lavoro*, Einaudi, Torino.
ID. (2014a), *La lotta di classe esiste e l'hanno vinta i ricchi. Vero!*, Laterza, Roma-Bari.
ID. (2014b), *Post-sinistra. Cosa resta della politica in un mondo globalizzato*, Laterza, Roma-Bari.
RODOTÀ S. (2013), *Inégalité. Così le differenze sociali mettono a rischio la democrazia*, in "la Repubblica", 1° agosto.
RONCHETTI N. (2014), *Metti un giardino in azienda*, in "l'Espresso", 10 aprile.
ROSSETTI S. (2009), *La prevenzione educativa*, Carocci, Roma.
RUINI C. (2009), *Introduzione*, in Comitato per il progetto culturale della Conferenza episcopale italiana (2009), p. IX.
SANTONI RUGIU A. (1987), *Storia sociale dell'educazione*, Principato, Milano.
SARACENO C. (2013), *Il welfare. Modelli e dilemmi della cittadinanza sociale*, il Mulino, Bologna.
ID. (2015), *Il lavoro non basta. La povertà in Europa negli anni della crisi*, Feltrinelli, Milano.
SARRACINO V., STRIANO M. (a cura di) (2002), *La pedagogia sociale. Prospettive di indagine*, ETS, Pisa.

SASSOON D. (2014), *Intervista immaginaria con Karl Marx*, Castelvecchi, Roma (ed. or. 2003).
SAVIANO R. (2013), *Lega più pericolosa ora di quando c'era Bossi*, in "l'Espresso", 7 luglio.
SCHERMI M. (a cura di) (2010), *Crescere alle mafie*, FrancoAngeli, Milano.
ID. (2014), *Capitale umano e capitale sociale*, in Brandani, Tramma (2014), pp. 47-55.
SCUOLA DI BARBIANA (1967), *Lettera a una professoressa*, Libreria Editrice Fiorentina, Firenze.
SENNETT R. (1999), *L'uomo flessibile. Le conseguenze del nuovo capitalismo sulla vita personale*, Feltrinelli, Milano (ed. or. 1999).
ID. (2006), *La cultura del nuovo capitalismo*, il Mulino, Bologna (ed. or. 2006).
SIMONCINI S. (2014), *Al welfare pensa il padrone*, in "l'Espresso", 13 febbraio.
SIRIGNANO F. M. (2014), *Pedagogia della decrescita*, FrancoAngeli, Milano.
SMARGIASSI M. (2013), *Basta con il politicamente corretto: il conflitto esiste*, in "la Repubblica", 14 agosto.
SNOW C. P. (2005), *Le due culture*, Marsilio, Venezia (ed. or. 1959).
SPRING J. (2015), *L'educazione libertaria*, Elèuthera, Milano (ed. or. 1975).
STARNONE D. (2011), *Introduzione*, in De Amicis (2011), pp. V-XXVIII.
STRIANO M. (2005), *Introduzione alla pedagogia sociale*, Laterza, Roma-Bari.
TERNI M. (2014), *Stato*, Bollati Boringhieri, Torino.
TÖNNIES F. (1979), *Comunità e società*, Edizioni di Comunità, Milano.
TOURAINE A. (2014), *Basta con il collettivo. Il centro è l'individuo*, in "la Repubblica", 19 giugno.
TRAMMA S. (2005), *Educazione e modernità. La pedagogia e i dilemmi della contemporaneità*, Carocci, Roma.
ID. (2008), *L'educatore imperfetto. Sensi e complessità del lavoro educativo*, Carocci, Roma (nuova ed.).
ID. (2009a), *Che cos'è l'educazione informale*, Carocci, Roma.
ID. (2009b), *Pedagogia della comunità. Criticità e prospettive educative*, FrancoAngeli, Milano.
ID. (2010), *Pedagogia sociale*, Guerini, Milano (nuova ed.).
ID. (2012), *Legalità illegalità*, Laterza, Roma-Bari.
TRASATI F. (2004), *Lessico minimo di pedagogia libertaria*, Elèuthera, Milano.
TRENTIN B. (2013), *Merito e bisogni o capacità e diritti*, in "Gli Asini", 18, pp. 95-8.